Shanghai foreign enterprise transformation process in 1950s and 1960s

20世纪五六十年代上海外资企业的改造历程

张旭东 著

人民东方出版传媒
東方出版社

图书在版编目（CIP）数据

20世纪五六十年代上海外资企业的改造历程 / 张旭东著. —北京：东方出版社，2016. 12

ISBN 978-7-5060-9423-8

Ⅰ. ①2… Ⅱ. ①张… Ⅲ. ①外资企业—经济史—上海—现代 Ⅳ. ①F279. 297

中国版本图书馆CIP数据核字（2016）第321784号

20世纪五六十年代上海外资企业的改造历程

（ERSHISHIJI WULIUSHINIANDAI SHANGHAI WAIZI QIYE DE GAIZAO LICHENG）

作　　者：张旭东
责任编辑：查长莲
出　　版：东方出版社
发　　行：人民东方出版传媒有限公司
地　　址：北京市东城区东四十条113号
邮　　编：100007
印　　刷：北京京都六环印刷厂
版　　次：2017年8月第1版
印　　次：2017年8月第1次印刷
开　　本：880毫米×1230毫米　1/32
印　　张：8. 625
字　　数：200千字
书　　号：ISBN 978-7-5060-9423-8
定　　价：35. 00元
发行电话：（010）85924663　85924644　85924641

contents

目　录

前 言

旧中国的外资企业是在1840年鸦片战争之后特别是在1894年甲午战争以后开始出现并逐渐发展壮大起来的。据估计，截至1894年，外国在华的全部投资约合2.34亿元，1914年约合42.56亿元，1920年约合45.52亿元。这些企业的存在在加速中国封建经济的解体、促进商品经济发展和科学技术传播方面，有过一定的积极影响。但是，这些企业大多是依靠特权在中国发展起来的，从而也严重地阻碍了社会生产力的发展。正因如此，新中国成立以后，这些企业在中国共产党的改造政策中逐步衰退。

对于外国企业在华过程的研究，一直是学界重任，也出现了一些高水平的学术专著。如雷麦:《外人在华投资论》(商务印书馆1937年版)；吴承明:《帝国主义在旧中国的投资》(人民出版社1955年版)；吴承明:《中国资本主义与国内市场》(中国社会科学出版社1985年版)；上海社科院经济研究所编:《英美烟公司在华企业资料汇编》(1—4册)(中华书局1983年版)；许涤新、吴承明主编的《中国资本主义发展史》(三卷本)(人民出版社1985、1990、1993年版)；杜恂诚:《日本在旧中国的投资》

(上海社会科学院出版社 1986 年版);汪敬虞:《19 世纪西方资本主义对中国的经济侵略》(人民出版社 1983 年版);郑友揆:《中国的对外贸易和工业发展(1840—1948)》(上海社会科学院出版社 1987 年版);《淘金旧梦——在华洋商纪实》(中国文史出版社 2001 年版);R. Dernberger, *The Role of Foreigner in China's Economic Development, 1840—1949*(德恩伯格:《1840—1949 年外国人在中国经济发展中的作用》)(斯坦福大学出版社 1975 年版);高家龙:《大公司与关系网——中国境内的西方、日本和华商大企业(1880—1937)》(程麟荪译,上海社会科学院出版社 2002 年版)等等。这些研究详细论述了 1840 年以后外国在华企业的发展历程,在此基础上全面地评价了这些企业对旧中国经济发展所带来的作用和影响,但对于新中国成立后这些企业是如何衰退的,则鲜有研究。

问题是:据统计,新中国成立前后,外资在华企业有 1700 多家,投资总额为 8.6 亿美元,其中英资企业有 299 家,美国紧列其后,有 212 家。如此多的外资在华企业是如何随着中共政策的演变而衰退的?迄今为止,国内党史学界、国史学界和经济史学界对有关这一专题的研究相对薄弱,几乎还处于一种空白状态,只是零星地见于中华人民共和国经济史和外交史论著中的相关章节中。如赵德馨主编:《中华人民共和国经济史》(1949—1966)(河南人民出版社 1988 年版);靳德行主编:《中华人民共和国史》(河南大学出版社 1993 年版);武力主编:《中华人民共和国经济史》(1949—1999)上、下册(中国经济出版社 1999 年版);吴承明、董志凯主编:《中华人民共和国经济史》第一卷(1949—1952)(中国财政经济出版社 2001 年版);

苏星著：《新中国经济史》（中共中央党校出版社1999年版）；汪海波主编：《新中国工业经济史》（经济管理出版社1986年版）；范守信：《中华人民共和国国民经济恢复史（1949—1952）》（求实出版社1988年版）；沙健孙主编《中国共产党和资本主义、资产阶级》（山东人民出版社2005年版）；谢益显主编：《中国外交史》（1949—1979）（河南人民出版社1988年版）；裴坚章主编：《中华人民共和国外交史》（1949—1956）（世界知识出版社1994年版）等。这些论著虽也有“清理外国在华资本及房地产”的章节出现，但由于它们不是这一专题的专项研究，从而只能对这一演变过程做一粗线条的描述，即中国党和政府对外国在华企业实行“监督、利用、军管、征用、代管和转让外资企业”政策，外国在华企业由于经济特权的丧失，在这一政策指导下，逐渐转化为国营经济。显而易见，这种宏观轮廓式的勾勒相对于微观实证式的详细研究是远远不够的。

相比而言，西方学者对这一专题的研究要比中国国内的学者积极得多。自20世纪50年代以来，西方学界就开始利用英、法等国的档案，对西方在华企业的衰退进行了较为具体的分析。如L. 泰拉：《上海事件——结束西方在中国的商业存在》（香港，1956年版）；谢艾伦：《被监押的帝国主义：英法在华企业的命运》（中国社会科学出版社，2004年版）。其他的成果还有T. N. Thompson, *Imperialism and Revolution in Microcosm: China's Indirect Nationalization of Foreign Firms and the Politics of Hostages Capitalism 1947—1954*, Unpublished dissertation submitted to the Johns Hopkins University（Baltimore: Maryland, 1977）（汤普森：《帝国主义与社会革命：中国对外国企业的非直接国有化及人质资本主义政治1949—1954年》)；W. Shao, *Sina-Britain and Businessmen: Political and Commercial Relations, 1949—1957* (London, 1991)(邵文光:《中国、英国与商人：政治与经济关系（1949—1957)》）等。这些论著对西方在华企业特别是英、法在华企业在中国大陆的衰退进行了微观实证式的研究，详细展现了西方在华企业的衰退历程，从而在一定程度上弥补了中国大陆学者泛泛研究的缺陷。然而，西方学者的研究虽稍具体，却又较多地以西方为中心，对中共方面的政策考虑则缺少深入了解和研究，从而导致研究的结论充满了强烈的意识形态性。

恩格斯指出：一切经济现象都是一个过程，有它的继承性和延续性，在研究和叙事中，都不能割断历史。外国在华企业在中国的发生发展，从过去到现在呈现出“肯定—否定—肯定”的规律趋势。与此对应，学界对1840—1949年的“肯定”阶段和1978年至现在的“肯定”阶段研究得都比较透彻，即对1840—1949年外资进入中国及发展壮大史的研究和1978年至现在外资伴随改革开放政策重新进入中国及重新发展壮大史的研究都很充分。但对于新中国成立后的“否定”阶段，即外国在华企业究竟是如何衰退的研究则太过薄弱，只是宏观轮廓式的勾勒。所以，客观和详尽地展现新中国成立后西方在华企业在中共政策演变下的衰退历程就具有学术史的意义。另外，以史为鉴，可以知兴替。改革开放以后外资在中国重新开花结果，世界500强更是逐鹿中国。在此背景下，客观和详尽地展现新中国成立后西方在华企业在中共政策演变下的式微历程就显得非常必要。而上海又是外资企业最为集中的地方。从这些企业的式微历程中可以窥见全国之一斑。故本课题的研究不仅具有学术史的意义，同时也具有历史探究的现实意义。

全书研究的基本思路是，以马克思历史唯物主义和辩证唯物主义为指导，以历史的发展为脉络，充分运用党的文献等第一手原始资料，在学界已有研究成果的基础上，试图准确客观地呈现出1949年至20世纪60年代在中国共产党政策演变下上海外资企业衰退的全过程。上海外资企业改造始于1949年5月，一直延续到20世纪60年代。大致可以分为三个阶段，1949年5月—1950年12月为第一阶段；1950年12月—1953年6月为第二阶段；1953年6月至20世纪60年代为第三阶段。第一阶段主要是监督和利用在华外资企业；第二阶段开始大量军管、征用、代管、转让外资企业；第三阶段上海外资企业全部纳入改造轨道。一方面从微观实证的视角从整体上来考察中国党和政府对这些外资企业在不同阶段分别采用了监督和利用政策（1949年5月—1950年12月），军管、征用、代管、征购、转让政策（1950年12月—1953年6月）和改造政策（1953年6月至20世纪60年代），从而完成了对外国在华企业的接收与改造。另一方面，也从个案的角度分别考察中国党和政府对英国、美国、法国在沪资本的不同政策及其不同结局。

第一章　总论：对上海外资企业的接收与改造

一、新中国成立之前：外资企业发展简况及中共政策

（一）外资企业发展简况

旧中国的外资企业是在1840年鸦片战争特别是在1894年甲午战争以后开始出现并逐渐发展壮大起来的。甲午战争前，外国侵略者尚未取得在华设厂权，但是，他们在中国已先后开设工业企业100余家。如果不算那些教会办的印刷所，最早的当属英商1843年在香港办的揽文东角船坞和1845年在广州设的柯拜船坞。[①] 第二次鸦片战争后，外资企业迅速发展。据海关关册统计，1872年有外商343家和外侨3673人；1882年有外商440家和外侨4894人；1892年有外商579家和外侨9945人。据香港一家刊物记载，在1865年，全国还只有外资企业78家，到1893年年底已增至580家。[②] 具体见表：

---

① 许涤新、吴承明主编：《旧民主主义革命时期的中国资本主义》，人民出版社1990年版，第89页。

② 许涤新、吴承明主编：《旧民主主义革命时期的中国资本主义》，人民出版社1990年版，第89页。

外国在华企业数（1893年年底）①

国别	户数	类别	户数
英国	354	银行、保险	18
美国	30	航运	13
德国	81	工运	67
法国	33	贸易商	241
俄国	12	代理商，掮客	86
日本	42	店主（烟酒百货，服装旅馆）	89
奥国	4	自由职业（医院诊所、律师会计师、工程师事务所）	66
意大利	4		
葡萄牙	7		
西班牙	4		
丹麦	4		
其他	5		
合计	580	合计	580

甲午战争前外国在华投资估计②

业别	估计投资额（美元）	占合计%
银行业	28094940	23.52
保险业	5992800	5.02
航运业	13342545	11.17
工业	14245128	11.93
贸易业	41949911	35.12
其他商业	5428016	4.55
政府借款	10380349	8.69
合计	119433689	100.00

1894年甲午战争以后，帝国主义对中国的侵略已不只是商

① 许涤新、吴承明主编：《旧民主主义革命时期的中国资本主义》，人民出版社1990年版，第90页。

② 许涤新、吴承明主编：《旧民主主义革命时期的中国资本主义》，人民出版社1990年版，第132页。

品输出，而日益注重于资本输出。甲午战争后，帝国主义列强在中国取得了一系列经济特权，掀起了瓜分势力范围的狂潮，它们在华投资总额，1914 年约合 42.56 亿元（约合 16.72 亿美元），1920 年约合 45.52 亿元（约合 20.18 亿美元），其中产业资本分别为 0.21 亿元和 13.03 亿元。①

1914 年各国在华投资估计②

单位：百万美元

	企业财产	房地产	贷款	合计	庚子赔款
英国	360.5	70.7	195.7	626.9	61.9
德国	122.6	15.0	127.1	264.7	107.6
法国	54.0	20.0	119.9	193.9	86.6
俄国	213.1	?	45.1	258.2	158.5
美国	37.9	16.0	7.3	61.2	39.8
日本	173.4	13.2	37.4	224.0	40.9
其他国	*	*	43.5	43.5	49.2
合计	961.5	134.9	576.0	1672.4	544.5

* 量少不计。

1914—1918 年第一次世界大战爆发，西方帝国主义列强忙于欧洲战场，暂且放松了对中国的侵略。同时，日本帝国主义乘机而入，在华的外国资本发生了不平衡的演变。由原来支配中国的六强变成英、美、日三强。到 1920 年，外国在华的投资已超过 20 亿美元。

① 许涤新、吴承明主编：《旧民主主义革命时期的中国资本主义》，人民出版社 1990 年版，第 8 页。

② 许涤新、吴承明主编：《旧民主主义革命时期的中国资本主义》，人民出版社 1990 年版，第 576 页。

外国在华资本估值（1894—1920）①

单位：万元

项目	1894	1914	1920
A 工业资本	2791	37690	50000
（1）制造业	2587	21236	28000
（2）公用事业	204	5107	7000
（3）矿冶业	—	11347	15000
B 交通运输业资本	2615	64435	83000
（1）航运	2615	8371	10000
（2）铁路	—	56064	73000
C 产业资本合计	5406	102125	133000
D 商业资本	9284	67968	87000
（1）外贸业	8220	27379	35000
（2）其他业	1064	40589	52000
E 金融业资本	6680	14515	19000
F 外国资本总计	21370	184608	239000

按照海关统计，在华外商企业的增长表：②

	在华外商企业家数
1875	343
1880	385
1885	396
1890	522
1895	603
1900	1006
1905	1693
1910	3239
1915	4735
1920	7375
1925	7743

① 许涤新、吴承明主编：《旧民主主义革命时期的中国资本主义》，人民出版社 1990 年版，第 1055 页。

② 许涤新、吴承明主编：《旧民主主义革命时期的中国资本主义》，人民出版社 1990 年版，第 755 页。

各国在华投资的不平衡发展①

1902—1930　　　　占总额百分比

	1902	1914	1920	1930
英国	32.53	37.49	36.96	30.43
德国	21.08	15.83	8.13	5.27
俄国	30.29	15.44	10.56	—
法国	12.13	11.59	9.80	7.43
日本	0.12	13.39	23.12	41.83
美国	3.32	3.66	6.00	7.98
其他国	0.62	2.60	5.43	7.06
合计	100.00	100.00	100.00	100.00

1920—1936 年是外国在华投资增加最多的时期，1930 年外国投资共 36.48 亿美元，1936 年共 39.41 亿美元。②

外国在华投资的扩张（1920—1936）③

单位：百万美元

	1920	1930	1936
总计	2017.7	3648.8	3941.4
直接投资	1418.9	2751.6	3127.3
借款	598.8	897.2	814.1
日本	466.4	1489.7	1818.3
直接投资	351.9	1116.4	1560.1
借款	114.5	373.3	258.2

① 许涤新、吴承明主编：《旧民主主义革命时期的中国资本主义》，人民出版社 1990 年版，第 744 页。

② 许涤新、吴承明主编：《新民主主义革命时期的中国资本主义》，人民出版社 1993 年版，第 38 页。

③ 许涤新、吴承明主编：《新民主主义革命时期的中国资本主义》，人民出版社 1993 年版，第 39 页。

（续表）

	1920	1930	1936
英国	745.7	1008.9	1020.8
直接投资	555.2	846.0	870.7
借款	190.5	162.9	150.1
美国	121.1	264.4	328.2
直接投资	90.0	213.6	263.8
借款	31.1	50.8	64.4
法国	197.7	246.3	276.3
直接投资	94.9	143.6	185.4
借款	102.8	102.7	90.9
德国	164.1	174.6	136.4
直接投资	68.8	81.0	47.0
借款	95.3	93.6	89.4
俄国（苏联）	213.1	230.9	26.1
直接投资	213.1	230.9	26.1
借款	—	—	—
其他国	109.6	234.0	335.3
直接投资	45.0	120.1	174.2
借款	64.6	113.9	161.1

1920—1936年外国在华投资增加了95%，达39.4亿美元。日本是这一时期增长最快的国家，1920年占各国投资额的23.1%，到1930年已占40.8%，居第一位，到1936年占46.1%。“九一八”事变后，日本加强了对中国的军事掠夺，与此同时，从1931年到1945年日本投降为止，日本在华投资居第一位。首先表现为日本在东北的投资1931年为17.57亿日元，1936年增至44.43亿日元，1941年增至75.49亿日元，1945年增至94.36亿日元。[①] 其次，日本在华北华中沦陷区的全部投资

① 许涤新、吴承明主编：《新民主主义革命时期的中国资本主义》，人民出版社1993年版，第391页。

为 30.57 亿日元（按战前汇率计，1 日元=0.29 美元）。[①] 1945 年日本战败，日本和德、意法西斯在华的财产被中国政府接收，原来属于美国、英国等国家的财产发还原主。“二战”后，英、法等国力量大大削弱，渐渐失掉了在华扩大投资的能力。唯独美国大发战争横财，经济实力独霸天下，在华资本的格局中，美国形成了独占的局面。

外国在华投资估计（1936—1948）

单位：百万美元

	1936	1940，日本 1945	1948
总计	3941.4	6762.0	3197.3
直接投资	3127.3	5540.8	1487.0
借款	814.1	1221.2	1710.3
日本	1818.3	4451.6 *	—
直接投资	1560.1	4121.0	—
内东北	1288.6	3036.4	—
关内	271.5	1084.6	—
借款	258.2	330.6	—
美国	1328.2	382.9	1410.1
直接投资	1263.8	250.0	385.0
借款	64.4	132.9	1025.1
英国	1020.8	940.3	1115.4
直接投资	870.7	765.4	715.5
借款	150.1	174.9	399.9
法国	276.3	257.5	297.2
直接投资	185.4	176.4	226.1
借款	90.9	81.1	71.1

① 许涤新、吴承明主编：《新民主主义革命时期的中国资本主义》，人民出版社 1993 年版，第 430 页。

（续表）

	1936	1940，日本 1945	1948
德国	136.4	137.0	—
直接投资	47.0	44.0	—
借款	89.4	93.0	—
苏联	26.1	276.1	—
直接投资	26.1	26.1	—
借款	—	250.0	—
其他国	335.3	316.6	374.6
直接投资	174.2	157.9	160.4
借款	116.1	158.7	214.2

* 1936 年币值。①

从表中可以看出，到 1948 年，外国在华投资总计 31.973 亿美元，直接投资 14.870 亿美元，借款 17.103 亿美元。其中美国总计 14.101 亿美元，直接投资 3.850 亿美元，借款 10.251 亿美元。到 1948 年，美国已占全部外国投资额的 44.1%。如果包括全部美援在内，则美国资本占全部外国在华资本的 80%。②

1949 年前后，全国只剩下 1000 多家外资企业，这些企业涉足的行业主要是煤炭、石油、造船、机器、发电等重工业，以及卷烟、肥皂、纺织、制药、食品等轻工业，还有一些城市公用事业以及银行、进出口贸易、码头、仓库、房地产等，拥有职工 12 万多人。③ 这些资本主要分布在以下几个行业：

① 许涤新、吴承明：《新民主主义革命时期的中国资本主义》，人民出版社 1993 年版，第 600 页。

② 吴承明：《帝国主义在中国的投资》，人民出版社 1955 年版，第 50 页。

③ 范守信：《中华人民共和国国民经济恢复史（1949—1952）》，求实出版社 1988 年版，第 23 页。

1947/1948 外国在华企业资本估值

单位：法币万元①

项目	1947/1948 国统区，1936 年币值
A 工业资本	62446
制造业	26052
公用事业	27552
矿冶业	8842
B 交通运输业资本	10968
航运	
铁路	
空运	
C 产业资本合计	73414
D 商业资本	15348
E 金融业资本	22888
F 外国资本总计	111650

（二）中共态度及政策

如何认识和处理外国资本主义在华资本是中国共产党成立之后就要面对的问题。1921 年党的一大就指出：消灭资本家私有制，没收机器、土地、厂房和半成品等生产资料，归社会公有。[②]"我们恨见外国的兵舰在内河游弋！我们恨见外国的陆战队在上海、汉口上岸！我们恨见那些怪模样的天主堂、福音堂、青年会、教学教堂，散在中国各处！我们恨见那些灵魂与骨头

---

①　许涤新、吴承明：《新民主主义革命时期的中国资本主义》，人民出版社 1993 年版，第 746 页。

②　中央档案馆编：《中共中央文件选集》第 1 册，中共中央党校出版社 1989 年版，第 3 页。

都卖给了外国人的基督教徒!”[①] 恽代英的观点可以说是代表了共产党成立时党内普遍的认识。在第一次大革命时期，中国共产党在《国民革命的目前行动政纲草案》中，提出反对帝国主义的七项内容：A. 反对列强武力干涉中国，全国民众应一致要求立即撤退驻华之外国陆海军。B. 收回租界，由租界居民组织市民会议，管理之。外人之居住租界者，均需受中国法律之约束，并负担同等之纳税义务。C. 取消外国银行在华之一切特权，禁止外国银行在中国境内发行纸币。凡中国资本之银行，具有充分之保证金与合法之地位者，其纸币得通行于全国。D. 无条件交还海关，建立减轻出口税增加入口税之保护税则。E. 取消外国客轮自由航行中国内河及滨海各埠之特权，严禁私运军火及鸦片、吗啡等类毒物。为发达本国航业计，应将招商局收归国有并加扩充，得政府许可之私人航业，亦予以保护。F. 外资投资于大企业如铁路矿山之类，因而获得之管理权及政治权利，应一律取消，并重新厘定其经济权利。外人在中国境内开设之工厂，须重新登记，受政府之管理。不得国民政府之允许，外人不得在中国境内自由开设工厂。G. 外人在中国境内开设之教会、学校、医院、报馆及其他以慈善为名之机关，均需受中国法律之管理，不得国民政府之许可，不得借此等名义购置地产。[②] 反对帝国主义，是为了取消帝国主义对中国的压迫。但是，并不是不同资本主义国家发展经济、政治、文化等方面的往来。1922 年 9 月，蔡和森在《统一，借债，与国民党》

---

① 恽代英:《恽代英文集》上卷，人民出版社 1984 年版，第 396 页。

② 中央档案馆编:《中共中央文件选集》第 3 册，中共中央党校出版社 1989 年版，第 209—210 页。

一文中就指出："努力完成民主革命，推翻军阀及国际帝国主义在中国之特权与压迫，建立完全自主的独立国家，仿照苏维埃俄罗斯之不损主权不受束缚的招致外资及权利让与等等政策，迅速地自主地开发中国大工业。"①

土地革命时期，中国共产党领导的革命力量基本上是在偏僻的农村活动，与外国资本主义势力几乎没有什么直接接触。但是，党中央还是保持比较清晰的头脑，强调指出："应当继续不断地增加反帝国主义的政治宣传"，但"应当暂时避免与帝国主义直接冲突（夺回租界，没收外国工业使为国有等等）"。② 抗日战争爆发后，中国共产党及时制定了打倒日本帝国主义的策略，制定了抗日救国十大纲领，强调对日本绝交，驱逐日本官吏，逮捕日本侦探，没收日本在华财产，否认对日债务，废除与日本签订的条约，收回一切日本租界。整个抗战时期，党始终坚持了这些对日本帝国主义的政策。但对于英美等其他资本主义国家采取区别对待并提出利用外资的政策。1935 年 5 月 15 日，中央政治局指出：只要不是侵略中国的投资，我们都欢迎。③ 1936 年 7 月，毛泽东在延安同美国记者埃德加・斯诺谈话时就指出：如果中国真正赢得了独立，外国人的合法贸易利益不仅不会受到影响，而且"将会有比过去更多的机会"，"欢迎

---

① 中央档案馆编：《中共中央文件选集》第 1 册，中共中央党校出版社 1989 年版，第 575 页。

② 中央档案馆编：《中共中央文件选集》第 3 册，中共中央党校出版社 1989 年版，第 341 页。

③ 顾龙生：《毛泽东经济思想引论》，山西经济出版社 1992 年版，第 115 页。

外国资本的投资”。[①] 1939 年 2 月，毛泽东在会见美国合众社记者罗伯特·马丁时说：到中国走上社会主义，如果那时英、美、法等国仍然是资本主义国家，如果这些国家不来打中国的话，那么，中国政府将对外来投资及外人在中国财产给以保障（付以代价）。[②]

1941 年 5 月 1 日公布的《陕甘宁边区施政纲要》规定：在尊重中国主权与遵守政府法令的原则下，允许任何外国人到边区游历，参加抗日工作或在边区进行实业等。新民主主义革命时期，中国共产党对资本主义在华企业采取了利用和保护政策，实践表明这是一种关乎中国社会发展的战略思考。1944 年 7 月 14 日，毛泽东在《同英国记者斯坦因的谈话》中就说道：“我们坚信，不管是中国的还是外国的私人资本，在战后的中国都应给予充分发展的机会，因为中国需要发展工业。在中国和外部世界的商业关系方面，我们要以同一切国家进行自由平等贸易的政策，来代替日本把中国沦为殖民地的政策。”[③] 1944 年，毛泽东在同美军观察组成员谢伟思的多次谈话中，曾设想中美两国经济可以互补。他认为：在中国，工业化只能通过自由企业和在外国资本帮助之下才能做到；中国可以为美国提供“投资场所”和重工业产品的“出口市场”，并以工业原料和农产品作

---

① 毛泽东：《毛泽东文集》第 1 卷，人民出版社 1993 年版，第 393 页。

② 毛泽东：《毛泽东年谱》（1893—1949）中卷，人民出版社 1993 年版，第 110 页。

③ 毛泽东：《毛泽东文集》第 3 卷，人民出版社 1996 年版，第 183—184 页。

为美国投资和贸易的“补偿”。[①] 1944 年 8 月，中共中央在外交工作的指示中指出：在经济方面，我们欢迎国际投资与技术合作。[②] 1945 年董必武赴美出席联合国成立大会，在华侨举办的演讲会上，他做了《中国共产党的基本政策》的演讲。他说到中国战后经济：“战后工业的发展，需要大量资本，除前面所说奖励国人投资及海外侨胞的积极投资外，对于外资，在遵守中国政府法令的前提下，也一样地欢迎。”[③] 1945 年 9 月 2 日，中共中央对新解放城市的工作发出指示，规定：英美投资的重要企业（例如开平煤矿）则不应破坏，我所需要之器材应与其洽商或买或捐不加强迫。[④] 1945 年 4 月，在党的七大上，毛泽东又指出：为着发展工业，需要大批资本，从什么地方来呢？不外两方面：主要地依靠中国人民自己积累资本，同时借助于外援。在服从中国法令、有益中国经济的条件之下，外国投资是我们欢迎的。对于中国人民与外国人民都有利的事业，是中国在得到一个巩固的国内和平与国际和平，得到一个彻底的政治改革与土地改革之后，能够蓬蓬勃勃地发展大规模的轻重工业与近代化的农业。在这个基础上，外国投资的容纳量将是非常广大的。一个政治上倒退与经济上贫困的中国，则不但对于中

---

① 董志凯等：《延安时期毛泽东的经济思想》，陕西人民教育出版社 1993 年版，第 114—115 页。

② 中央档案馆编：《中共中央文件选集》第 14 册，中共中央党校出版社 1992 年版，第 316—317 页。

③ 董必武：《董必武选集》，人民出版社 1985 年版，第 118 页。

④ 中央档案馆编：《中共中央文件选集》第 15 册，中共中央党校出版社 1991 年版，第 265 页。

国人民非常不利，对于外国人民也是不利的。[①] 1946 年 5 月 3 日，中共中央对于解放区外交问题发出指示：我应采取直接与美国及英法等国政府及其个别商人进行经济合作的方针，在两利的原则下，我们政府及商业机关应和外国商人以至外国政府直接订立一些经济契约，吸收外资来开发山东的富矿，建立工厂，发展交通，进行海外贸易与提高农业和手工业。……允许外国人来经商开矿及建立工厂，或与中国人合作来经营工矿。美国的工业合作社是小资产阶级和技术工人的进步团体，可以放手与之合作。为了开始这种合作并吸取经验，你们可请美国及英法到烟台设领事，请烟台美人工厂的资本家及威海英法资本家回来经营。……至于外国在我区进行传教及其他文化活动，只要遵守政府法令，当许其自由进行，各国财产亦应发还。[②]

随着新中国成立日程的临近，对这些外资企业，中国共产党没有简单地停留在“打倒帝国主义”等标语口号上，而是明确区分了外国在华经济事业与帝国主义对中国的经济控制权，在坚决摧毁帝国主义对中国的控制权的同时，对资本主义在华企业采取了慎重、稳妥的政策和办法。1949 年 2 月，毛泽东在同苏共中央代表米高扬谈话时指出：帝国主义同我们国家之间是有几笔大账要算的。第一是他们在外国的一切特权必须彻底根绝。第二是他们欠我们的债务和一切款项必须偿还。第三是

① 逄先知、金冲及主编:《毛泽东传（1893—1949）》(下)，中央文献出版社 1996 年版，第 709 页。

② 中央档案馆编:《中共中央文件选集》第 16 册，中共中央党校出版社 1992 年版，第 152 页。

帝国主义的武装部队、警察等必须全部撤离中国。至于侨民居留问题，则按一般外侨居留办法和国际惯例来处理。帝国主义分子历来是看不起中国人的，对他们也得教训教训，使他们的头脑清醒起来。[①] 1948年2月7日，中央发出《关于对待在华外国人的政策指示》，明确指出要保护外资企业："凡遇有外人投资设立并主持之私营工厂、矿山或其他企业，我军到后，暂不加以没收，亦不许加以破坏，并可与之商定继续营业的临时合同，规定在服从民主政府法令与在一定的劳动条件之下继续营业。如原主逃走，则由政府接收经营之。但在接收时，不得加以分散或破坏，以便能继续开办。如原主回来时，视情况，得与之订立公私合办的合同，或仍按前述规定，交回其自办。凡外人开设之商店，不进行破坏活动，并服从民主政府法令者，均可允许其继续营业，并受民主政府保护。如店主逃走，并关闭其商店者，则由政府负责保存，限原主或其委托负责人，于一定时期内，回来恢复。逾期不回，即由政府接受经营。不论公营、私营工商业中之外人股份，一律承认其股权有效。""凡遇有外国银行，或其代办所，不管其是否由于两国条约有互惠规定和特许，一般地应先停止其营业，并审查其业务情况。如认为在某种范围规定内，确有令其继续营业之需要，亦须经中央批准，并与之订立临时营业合同后，方得许其重新营业。至对其财产，不论重新开张与否，一律不得没收或破坏。"[②] 1948

① 师哲：《在历史巨人身边》（修订本），中央文献出版社1995年版，第381页。

② 中央档案馆编：《中共中央文件选集》第17册，中共中央党校出版社1992年版，第36—37页。

年12月25日，刘少奇在华北财经委员会上做《新中国经济的性质与经济建设方针》的报告，指出："外国人在中国开的矿山、工厂等，是否可以采取国家资本主义的办法？如果没有毛病，或没有大毛病，是可以采用的，可以颁布法律使其接受我们的监督，甚至还可能让他们新办一些企业。银行、商店及进出口贸易恐怕是不允许他们搞的。"[①] 1949年3月，在党的七届二中全会上，毛泽东代表中央指出，"剩下的帝国主义的经济事业和文化事业，可以让他们暂时存在，由我们加以监督和管制，以待我们在全国胜利以后再去解决。"[②] 1949年4月，刘少奇在视察天津时也指出，"天津有一个外国人经营的蛋厂停产了，我们外事处的同志和他们商量，要他们开工。他们说：'我们正想开工，但你们得供给一百五十万个鸡蛋。'我们的贸易公司无法供给，外事处要他们自己下乡去收购。但是他们一到乡下，就有人说：'帝国主义分子来了，赶走他。'结果蛋厂开不了，工人被遣散，这是一大笔损失。如果这个厂子开了，工人可以做工，农民可以卖蛋，税收也可以增加，这是一笔好生意。"[③] 毛泽东和刘少奇的讲话都反映出新中国建立后，要利用和保护资本主义在华企业，允许它们存在对于经济恢复是有好处的。依据该思想，1949年6月25日的《解放日报》发表社论指出："人民政府在政策上对公用事业，无论是私营或外商经营，只

① 刘少奇：《刘少奇论新中国经济建设》，中央文献出版社1993年版，第52—53页。

② 毛泽东：《毛泽东选集》第4卷，人民出版社1991年版，第1434—1435页。

③ 刘少奇：《刘少奇论新中国经济建设》，中央文献出版社1993年版，第83页。

要严格遵守政府法令，对人民生活和生产事业作有益的贡献，自当加以保护。”[①]随后，这一政策被写进《中国人民政治协商会议共同纲领》中。

二、监督和利用（1949年5月—1950年12月）

上海是中国外资比较集中的城市，外资企业最早就在上海出现。1843年，上海有洋行5家，到1847年，据海关关册记载已有进出口洋行24家，外商店铺5家，外商旅馆和俱乐部各1家。[②]丽如银行是外资在华建立的第一个洋行。1842年在孟买成立，原名西印度银行，1845年改名东方银行，同年在香港和广州设立分行，1847年在上海设立分行。

据统计，从1895到1911年，外国资本主义在中国设立的资本在10万元以上的企业共91家，开办资本为4855.4万元，其中上海为41家，2090.3万元，厂数占45.1%，开办资本占42.8%。[③]外资企业在上海工业部门中门类也比较齐全。甲午战争以前，上海工业门类有船舶修造、缫丝、棉纺织、水、电、煤气等11种，甲午以后又增添了火柴、毛纺织、面粉、制革等11种。在这些工业门类中，重工业有4项，其余18项为轻工业。[④]下表

---

① 《解放日报》，1949年6月25日。

② 许涤新、吴承明主编：《旧民主主义革命时期的中国资本主义》，人民出版社1990年版，第88—89页。

③ 张侃：《建国初期在华外资企业改造初探（1949—1962）：以上海为例》，《中国经济史研究》2004年第1期。

④ 唐振常主编：《上海史》，上海人民出版社1989年版，第360页。

是从 1882 年到 1931 年“九一八”事变前上海外资企业情况：①

年份	外籍企业数	外侨人数
1882	440	4894
1892	579	9945
1902	1189	18962
1912	2328	144754
1922	7021	282691
1931	10889	370393

“二战”结束后，各国企业在上海又重新发展起来。据统计，1945 年抗战胜利后至新中国成立前夕申请登记的外商前后有 1800 家。②

解放战争后期，随着解放军的节节胜利，外资企业纷纷做出收缩和转移资金的安排。据上海颐中烟草公司的不完全统计，该公司从 1946 年至 1949 年，向英国汇款 459 万镑，向美国汇出了 1212 万美元，尽可能地将公司资金汇至国外，而不汇入分文。③ 据统计，新中国成立前后，外资在华企业有 1700 多家，投资总额为 8.6 亿美元，其中英资企业有 299 家，美国紧列其后，有 212 家。④ 这些企业主要集中在上海。1949 年 5 月，上海外资企业为 910 家，其中属于英、美、法、瑞等西方资本主义

---

① 徐雪筠：《上海近代社会经济发展概况（1882—1931 年）》，上海社会科学院出版社 1985 年版，第 357 页。

② 孙怀仁主编：《上海社会主义经济建设发展简史（1949—1985）》，上海人民出版社 1990 年版，第 15 页。

③ 上海卷烟厂工人运动史编写组编：《上海卷烟厂工人运动史》，中共党史出版社 1991 年版，第 17 页。

④ 徐京利：《另起炉灶——崛起巨人的外交方略》，世界知识出版社 1998 年版，第 290 页。

国家的有685家，雇佣工人5万多人，资产总值估计约为5亿美元。属于苏联和东欧国家的有225家，但多数是小工商企业，资产很少，职工数也不多。[①] 在上海注册的1621家私人企业中，外国企业有376家，其中超过2/3的是英国人所拥有的。[②] 这些外国私人企业当然也包含在外资企业当中。

1949年5月上海解放初期外资企业概括（按国家分类）③

	合计	英国	美国	法国	瑞士	苏联	波兰等27国
企业数	910	219	166	47	39	179	260
百分比	100	24.06	18.24	5.16	4.28	19.67	28.57
职工人数	51476	30852	13017	4080	917	654	1956
百分比	100	59.93	25.28	7.92	1.78	1.27	3.79
资产百分比	100	46.83	40.67	9.45	1.77	0.17	1.11

从总体看，外资企业处于衰败状态，但在经济活动中仍起着举足轻重的作用。实际上，根据1950年中央财经委员会在《中国经济情况》中指出的："乙、在国际贸易和沿海航运中，外国船舶将仍占重要地位。我们在今后若干年内除与苏联东欧贸易经大陆而外，海洋贸易仍将依赖外国的船舶和仓库码头设备。在上海进出口吨位中，美、英两国船舶即占70%以上。上海仓库容量，外资占52%、华资占48%。油库全为外人所有。丙、外资掌握着上海的电厂、电车、电话等公用事业。上海和

① 孙怀仁主编：《上海社会主义经济建设发展简史（1949—1985）》，上海人民出版社1990年版，第15页。

② 谢艾伦：《被监押的帝国主义：英法在华企业的命运》，中国社会科学出版社2004年版，第17—18页。

③ 上海市档案馆，财政部财政科学研究所：《上海外商档案史料汇编》（一），1987年内部发行，第480页附表。

天津美商、法商电厂发电量 21 万 kW，占全国发电量的 15%。……戊、英资的颐中烟草公司所产纸烟，在上海约占上海纸烟产量的 1/3。”[①] 1947 年 2 月至 1948 年 1 月，外国资本在上海进出口贸易中，经营比重占到 44.4%；1948 年，上海共有沿海航船 223 艘，英国资本所拥有的达 167 艘；1949 年，上海市 57%的进口押汇和 53%的出口押汇由外资银行控制。1948 年，73.4%的自来水、97.4%的煤气、1005 部电话、100%的电车、21.6%的公共汽车操纵在外国资本主义企业中。[②] 过去英商颐中烟草公司的卷烟，垄断市场，产量占到全国的 1/3，解放初期 1949 年 7 月颐中缴纳的卷烟税，尚占全市卷烟税总额的 40%。肥皂产业中，过去英商中国肥皂公司亦操纵市场，1951 年年底时产量占全市的 1/4。[③] 在上海，据 1949 年 9 月统计，外国企业的发电量占全市总发电量的 91%，煤气和自来水供应量分别占 83%和 71%，电话安装架数占 94%，电车为 100%。在石油方面，外国石油公司掌握着全中国大部分石油存储设备，操纵着中国的金融业，垄断了中国的外汇市场和对外贸易。[④]

新中国成立之初，中央就指出：为了利用外国的资本以促进中国的工业化，某些事业和外资合营及成立股份公司甚为必

---

① 中国社会科学院、中央档案馆编：《中华人民共和国经济档案资料选编》(1949—1952)，工业卷，中国物资出版社 1996 年版，第 6 页。

② 上海社会科学院经济研究所编：《上海资本主义工商业的社会主义改造》，上海人民出版社 1980 年版，第 33 页。

③ 上海市档案馆、财政部财政科学研究所编：《上海外商档案史料汇编》(一)，1987 年内部整理编辑，第 5 页。

④ 裴坚章主编：《中华人民共和国外交史》(1949—1956)，世界知识出版社 1994 年版，第 259 页。

要，不独和苏联，和各人民民主国家，甚至和某些资本主义国家还可能在适当条件下订立这种合营合同甚至租让合同。对于以往资本主义国家投资的企业，在遵守中华人民共和国法规的前提下允许其继续经营；但是对于那些有损中国统一和稳定的出版、宣传、教育、宗教团体等方面的投资，则通过国家副总理郭沫若宣布，不再继续接受。① 本着这样的原则，新中国政府首先取缔了资本主义国家的在华经济特权。1950 年 4 月，交通部颁布了《关于外籍轮船进出口管理暂行办法》《进出口船舶船员旅客行李检查暂行通则》等，其中规定：外轮进出中国港口、停泊及移泊地点，须事先经批准和查验，不得任意移动，军事禁区更不得停靠；外轮抵港后，不得使用船舶电台、雷达和武器等；取缔外国侵犯中国领水的引水权，引水员一律由中国人担任，将过去的自由引水改变为强制引水；在中国领水内发生海事事件时，按照中国公布的《海事处理暂行办法》处理。② 1950 年 7 月 26 日，中央人民政府政务院财经委员会发布关于统一航运管理的指示。嗣后，外轮一般不许驶入中国内河，只有在特定条件下并经政府批准，才能驶入长江，但必须悬挂中国国旗，在指定码头停泊，遵守中国一切法令并封闭其武器和电讯、摄影、测绘等设备。至此，丧失了 100 多年的中国领水主权全部恢复。③ 1950 年 12 月 3 日，中央人民政府政务院制定的

---

① 郭沫若：《关于处理接受美国津贴的文化教育机关及宗教团体的方针的报告》，《人民日报》，1950 年 12 月 30 日。

② 裴坚章主编：《中华人民共和国外交史》（1949—1956），世界知识出版社 1994 年版，第 262—263 页。

③ 裴坚章主编：《中华人民共和国外交史》（1949—1956），世界知识出版社 1994 年版，第 263 页。

《关于外人教会和外人在华房地产的处理原则》声明：中华人民共和国不承认外国人在中国境内有土地所有权，不准许他们买卖或继承土地；对外国政府占有的租借地产、兵营地产明令收回等等。1950年1月，政务院通过《关于关税政策和海关工作的决定》，1951年4月，又颁布了《中华人民共和国暂行海关法》，从此，取消了帝国主义对海关的管理权，中国海关从此完全由中国人民自己掌握起来了。另外，新中国还颁布了《外汇管理暂行办法》，实行外汇管制，建立独立自主的外汇经营管理制度，清除帝国主义国家操纵中国外汇管理和金融财政的特权。1951年4月12日，中财委指出：庚子赔款系帝国主义根据不平等条约，对我国之勒索，所谓“退还”，不过是将劫掠我国人民的财产仍归还我国，并“指定用途”，以达其对我进行经济侵略及文化侵略之目的，我人民政府自不能予以承认。因此，企业中资产，不论全部或一部，其直接来源属于此项退还庚款者，原则上应作为公股公产处理，不应视同外资津贴。其有特殊情形者，得由当地主管机关酌情处理。至私营企业中如曾有指定用途之庚款补助，已经全部消耗者，可不必再予追究。①

在取消经济特权的同时，对资本主义在华企业采取利用和监督的政策。根据七届二中全会的决议，人民政府对德、意、日在华企业和其他财产系统按照战败国敌产处理外，对外国在华企业采取了“按照国籍系统、行业等各种不同的具体情况，

① 中国社会科学院、中央档案馆编：《中华人民共和国经济档案资料选编》（1949—1952），工商体制卷，中国社会科学出版社1993年版，第447页。

进行个别处理和区别对待”的方针，有计划、有步骤、有重点地予以清理。[①] 中央在决定实行对外贸易管制和外汇管理的同时，允许那些愿意和新中国进行贸易的外国商业机构建立办事处。1949—1952 年间，工商部门对外资企业仿照国内私营企业登记办法进行了临时登记注册，其赋税也仿照国内私营企业征收办法。但是，中央政府规定：不准批准成立新的外资企业，外资企业不得加入工商联，不得购买土地，国营企业也不得擅自收购外资企业资产，外资企业歇业与国内私营企业一样，须经政府工商主管部门批准，外资企业的劳资纠纷须按照劳动部制定的劳资纠纷调解仲裁程序进行，政府颁布的劳动保护法令也须贯彻执行，外资在华银行的经营范围基本被限于外汇业务。1951 年 8 月 19 日，要求外资企业一律应自 1949 年 9 月 1 日起建立人民币账册。要求外资企业将账面外币资产数字一律按照 1949 年 8 月 31 日外汇牌价折合成人民币入账。

1949 年 5 月上海解放后，根据英、美、法等国在水、电、煤气、交通等行业的特殊地位，为了保证城市人民生活的正常进行，对问题较多或与城市经济生活相关的，主要是公用事业中具有垄断地位的企业，如美商电力公司、法商电车电灯公司、英商电车公司和自来水公司等，军管会和人民政府派驻军事特派员或联络员实行监督；一般企业则由公用局派驻业务联络员。对于其他行业，包括在国际经济正常往来上尚有作用的外资银行、进出口企业、轮船公司以及外侨赖以生活的小工商业，则

① 裴坚章主编：《中华人民共和国外交史》（1949—1956），世界知识出版社 1994 年版，第 264 页。

允许继续经营，凡有利于我国国计民生的生产事业，也允许外商继续投资。[①] 另外，通过价格、税收、工商和信贷等经济手段限制外资企业的暴利，监督财务正常收支，确立它的经营范围。工商部门要求外资企业必须办理营业许可证。例如，对外贸易管理局发给国际进出口贸易商许可证；海关发给合格报关行报关行业营业许可证；卫生局发给食品行业卫生许可证；公安局发给特种营业（如旅店、娱乐、无线电、刻字、印刷等）许可证。上海工商局公布管理外商法令四条：查本市外商企业，常有未经呈请核准，擅自开业、歇业、转让、拆迁等行为发生，为纠正此种违法现象，兹特规定：凡本市外商企业有下列情形之一者，必须事先呈请本局批准后方得开始进行：(1) 企业之筹备创设、开业、复业、停工、歇业（凡解放后未经本局批准，擅自开业、复业，统限于九月十五日之前，向本局办理申请手续，延期不办者，即不准继续营业)。(2) 企业之合并、改组、转让、变更或增加业务范围，增设或裁撤分支机构、增减资本及其对其他企业之投资。(3) 拆卸、迁移、抵押或出售各项生产及业务有关之设备及器材。(4) 更换企业负责人。[②] 上海解放后，上海税务机关规定工商企业从1949年5月起一律建立人民币账册，外资企业同样地将账面外币资产数按1949年8月31日外币牌价折合人民币入账。企业一律不结给外汇，利润一律不能汇出，一般不给企业贷款，企业之间的借贷也从严管理。通

① 孙怀仁主编：《上海社会主义经济建设发展简史（1949—1985)》，上海人民出版社1990年版，第24页。

② 上海市档案馆、财政部财政科学研究所编：《上海外商档案史料汇编》(一)，1987年内部整理编辑，第9—10页。

过成立劳资协商会议来处理企业职工和资方之间工资、福利等问题。

监督和利用政策使外资企业保持着在新政权下可以继续经营的希望。1948年12月31日，一份题为《中国的最近与预期发展及远东形势的变化》的英国财政部报告称：从共产党领导的区域所来的第一批报告指出，目前共产党人满足于让外国商人从事他们所能进行的商务而不加干扰，并让外国人支配他们自己的财产。商业界对共产党人的倾向表现出某种程度的乐观。[①] 他们也承认，在1949年和1950年年初的没收过程中，属于美国、英国、法国和其他西方利益的企业尚未触及。[②]

但是，由于国际国内环境的偏紧，在监督和利用政策作用下，在华外资企业有所减少，歇业的有164家。1950年7月，上海外商工商企业共684家，除了29家是无国籍的，其余分属32个国籍，包括英、美、法、瑞士、瑞典、丹麦、挪威、荷兰、比利时、西班牙、葡萄牙、苏联、捷克、匈牙利、波兰、罗马尼亚、印度、巴基斯坦、伊朗、伊拉克、锡兰、叙利亚、土耳其、菲列宾、朝鲜、南斯拉夫、德国、奥地利、希腊等，成分极为复杂。684家中以英商185家为最多，占全部的27%；苏商128家和美商123家次之，占全部的19%及18%；再次为法商41家，占6%；瑞士商35家，占5%；印度、波兰、丹麦和希腊

① 谢艾伦：《被监押的帝国主义：英法在华企业的命运》，中国社会科学出版社2004年版，第17—18页。

② 谢艾伦：《被监押的帝国主义：英法在华企业的命运》，中国社会科学出版社2004年版，第15页。

商各在10至15家之间；其余都在10家以下；属于锡兰、伊拉克、巴基斯坦、巴拿马、土耳其、南斯拉夫6国籍的各仅1家。684家中中外合资的有78家，占全部的11%，其中以中英合资者最多，共32家，中美合资者16家，中法合资者8家，中苏合资者7家，其他有与无国籍、朝鲜、丹麦、瑞士、瑞典、西班牙、葡萄牙、捷克、菲列宾、巴基斯坦合资者，家数都只在1至3家之间，个别中外合资者也有挂外商招牌，而实际上全属中国资本的情形。[①] 684家外商在上海所有资产总值共人民币1064161317378元。其中44%，即人民币468213185189元为机器设备，生财及其他不动产（不包括房地产）；56%，即人民币595948132189元为存货及其他流动资产。以国籍来分，英国资本计人民币370045592373元，约占总资本的35%，美国资产316208275000元，约占总资产的30%，法国资产286398280680元，约占总资产的27%。三国资产合起来占了全部资产总值的92%。[②] 资本减少主要集中于国际贸易和保险、银行业。以银行为例，在其中心业务外汇买卖上，所占比重越来越小。1950年7月国家外汇银行为49.86%，华商银行为26.05%，外商银行尚有23.64%，到了9月份，国家银行占有95.09%，华商为3.01%，外商银行只有1.9%。[③] 主要原因是中国政府对外汇管制，再加上以美国为首的西方国家对中国的封

① 上海市档案馆、财政部财政科学研究所编：《上海外商档案史料汇编》（七），1987年内部整理编辑，第1页。

② 上海市档案馆、财政部财政科学研究所编：《上海外商档案史料汇编》（七），1987年内部整理编辑，第6页。

③ 中国社会科学院、中央档案馆编：《中华人民共和国经济档案资料选编》（1949—1952），金融卷，中国物资出版社1996年版，第139页。

锁和禁运，国际贸易停顿。以美对华出口为例：1948 年美对华出口为 2.734 亿美元；1949 年直线下降为 0.826 亿美元；1950 年的头 8 个月，则只有 0.33 亿美元。[①] 截至 1950 年年底，当时在华的还有美、法、比、荷等 4 个西方国家的 8 家银行、17 个分理处。对这些外资银行，中国政府并没有简单的采取接管、没收的政策，而是本着“管理与利用的方针，正确掌握管汇法令”，“使其在我管理下能为我利用”。

三、军管、征用、代管、征购、转让（1950 年 12 月—1953 年 6 月）

朝鲜战争爆发以后，以美国为首的西方资本主义国家加紧了对新中国的经济封锁，1950 年 12 月 16 日，美国宣布管制中国在美国的公私财产。对此，中国政府采取了报复措施，12 月 28 日颁布《关于管制美国在华财产、冻结美国在华存款的命令》，决定中华人民共和国境内之美国政府和美国企业的一切财产，均由当地人民政府加以管制并进行清查；中华人民共和国境内所有银行的一切公私存款，即行冻结。至 1952 年年底，已处理的美国企业占美国在华总资产的 94%。1951 年 5 月 15 日，中央又发出《关于处理美国在华财产的指示》，对美国在华企业、财产进行了军事管制。规定对美国企业财产处理原则是，凡是有关中国主权或与国计民生关系较大的企业，可予征用；

① 时殷弘：《敌对与冲突的由来》，南京大学出版社 1995 年版，第 123 页。

关系较小或性质上征用不便，可予代管；政府认为有需要者，可予征购；对一般企业，可加强管制，促其自行清理结束。但是管制并不等于征用和没收，美资企业被管制后，其资产和经营权仍属美国业主，中国政府仍允许它们中的大多数继续进行正当的生产和经营活动，并特别规定其他国家的大部分在华企业仍能独立自主经营。1950 年 12 月 30 日，华东军事管制委员会首先军管了美资上海电力公司和电话公司、沪西电力公司，分别组织临时管理委员会进行管理。随后被管制的美国企业还有：友邦银行、美国商业银行、德士古汽油公司、美孚火油公司等 115 家。[①] 到 1952 年 10 月份，美在上海的企业仅存 53 家，而且这 53 家都在管制之中。

1950 年 11 月 5 日，外交部发布《关于外资企业处理办法的初步意见》，规定：(1) 区别外资企业所属国家，首先应以美国在华企业为主要对象，对英资及其他外资亦得加强管制使之适应中国的需要。(2) 凡与中国国防有关及对中国社会秩序有重大影响而处理后对中国有利无害或利多害少者，首先予以处理；尚对中国经济有利或利多害少者，可较缓处理，但也应加强管制。(3) 对首先处置的外资企业，视情况按军事管制全面接管及没收程序加以处理。(4) 银行、保险、进出口业及轮船业，可较缓处理。(5) 处理外资企业应有公开的法律依据。[②] 1951 年 4 月 7 日，英国政府决定在香港征用中国油轮——永灏号，并将

---

① 上海市档案馆、财政部财政科学研究所编：《上海外商档案史料汇编》(二)，1987 年内部整理编辑，第 25 页。

② 裴坚章主编：《中华人民共和国外交史》(1949—1956)，世界知识出版社 1994 年版，第 265—266 页。

其交付给英国皇家海军用于朝鲜战争。4 月 30 日，中国政府报复性地征用了壳牌中国有限公司（又称亚细亚火油公司）除办公楼之外的全部财产。并强调："在今天，我们对英国尚只限于局部报复，但也应准备，如果英国敢于扩大报复，则它在华的两亿英镑投资，便是报复代价。"① 这样做没有波及其他英商企业。

1952 年 7 月 5 日，中国外交部就英国有关中英贸易问题的照会发表《声明》，指出："中国政府愿与各外国的政府和人民在平等和互利的基础上恢复与发展国际间的通商贸易关系；一切遵守中国政府的法令的在华外侨外商，都可得到各级人民政府的保护。"② 但是，许多资本主义在华企业因在华特权的丧失，加上以美国为首的西方资本主义国家对华的经济封锁，使得众多资本主义在华企业陷于无法维持的境地，许多企业只好申请歇业或转让给中国政府抵偿债务或自行放弃经营由中国政府作价收购。1952 年，香港与英国法庭所做出的否认中华人民共和国对 71 架中国飞机及其他相关资产所有权的决定，引发了另一轮中国政府对英国财产的公开征用。1952 年 8 月 15 日，上海军管会发布命令，征用英国所拥有的上海造船公司和马勒造船所，包括其可动产和不动产的所有资产。11 月，针对英国最高法院有关中国飞机问题的裁决，上海当局再次命令征用了三家英国拥有的公用事业公司。至 1952 年年底，已清理的英国企业占其

---

① 中共中央文献研究室编：《周恩来年谱》（1949—1976），上卷，中央文献出版社 1997 年版，第 148—149 页。

② 《新华月报》1952 年第 8 期，第 41 页。

在华企业总资产的 63%。[①]

1951—1952 年是上海外资企业改造的关键阶段，外资企业共减少了 500 余家，占当时在上海外资企业总数的 57%，职工数占总数的 60%，资产数占总数的 57%。[②] 许多资本主义在华企业因在华特权的丧失，加上以美国为首的西方资本主义国家对华的经济封锁，使得众多资本主义在华企业陷于无法维持的境地，许多企业只好申请歇业或转让给中国政府抵偿债务或自行放弃经营，拟由中国政府作价收购。据统计，从新中国成立初到 1953 年，外资企业由 1192 个减至 563 个，所属职工由 12. 6 万人减至 2. 3 万人，所有资产由 12. 1 亿元人民币减至 4. 5 亿元。其中，英商企业由 409 个减至 223 个，职工由 10. 4 万人减至 1. 5 万人，资产由 6. 9 亿元减至 3. 1 亿元；美商企业由 288 个减至 69 个，职工由 1. 4 万人减至 1500 人，资产由 3. 9 亿元减至 1600 万元。[③] 到 1953 年，外资企业经营的国际贸易，只占中国进出口贸易总额的 6%。在华银行只存在 6 家，外汇经营总额降至 0. 48%，存放款业务已经完全没有。[④]

“解放后三年半来，外商减少 500 家。但其中自动申请歇业

① 裴坚章主编：《中华人民共和国外交史》（1949—1956），世界知识出版社 1994 年版，第 268 页。

② 上海市档案馆、财政部财政科学研究所编：《上海外商档案史料汇编》（二），1987 年内部整理编辑，第 27 页。

③ 赵德馨主编：《中华人民共和国经济史》（1949—1966），河南人民出版社 1988 年版，第 70 页。

④ 中国社会科学院、中央档案馆编：《中华人民共和国经济档案资料选编》（1949—1952）综合卷，中国城市经济社会出版社 1990 年版，第 860 页。

的占十分之九，全系小型工商户，人数不多，资产不大，而其余十分之一人数最多，资产庞大的则是我们主动处理的结果。估计我们已经处理的企业其资产为56000亿元人民币，占上海全部外商资产75000亿元的76%。其中：英商资产总值30645亿元，已处理资产值18114亿元，占总值的59%，美商资产总值38451亿元，已处理资产值37973亿元，占总值的99%。”① 不过，此阶段中国政府以征用、代管、转让、租用、接管等方式只改造了50家外资企业，90%的外资企业是由于自身经营问题自行歇业的。②

四、全面改造（1953年6月至20世纪60年代）

过渡时期总路线提出后，尤其把私营工商业进一步纳入国家资本主义轨道的教育宣传开展后，大大影响了外商态度。外商认为“华商要改造，外商当然无前途”。③ 面对社会主义改造高潮，外商深感在当前社会经济状况下在中国经营已无前途。转让又是结束企业最好的方式，外资企业纷纷表达了转让的意见。1953年，上海一般外商（特别是英商）鉴于我国取消帝国主义国家在华特权势力的基本政策始终坚持贯彻，国家经济建设稳步进展，所以还是认为在中国无前途，无法继续维持，应

① 上海市档案馆、财政部财政科学研究所编：《上海外商档案史料汇编》(一)，1987年内部整理编辑，第24页。

② 上海市档案馆、财政部财政科学研究所编：《上海外商档案史料汇编》(二)，1987年内部整理编辑，第25页。

③ 上海市档案馆、财政部财政科学研究所编：《上海外商档案史料汇编》(一)，1987年内部整理编辑，第145页。

丢掉在华财产的包袱。他们渴望能及早摆脱，避免不得不自国外汇款来华维持开支。他们已明显放弃了“集体撤退”企图，各自寻求有利的摆脱办法。[①]

资本主义工商业社会主义改造的政策确立后，上海市政府外事处确立了该阶段改造外资企业的工作原则。1953 年 4 月 1 日，上海市人民政府外事处处长黄华在关于建议成立处理外资企业办公室的报告中指出：今年上海外事工作的中心任务是彻底肃清帝国主义在本市的残余经济特权。……目前上海残存的帝国主义经济特权主要为两大类，即外资工业（包括制造业，公用事业及码头仓库业）与外人房地产（包括房地产商与一般外人的土地与房产）。现在上海的外资工业尚有大小制造业 57 家。公用事业 1 家，码头仓库 2 家（银行、贸易及一般商业未计在内），涉及职工约 15000 人，外人占有的土地尚有 11448 市亩，房屋 30000 余幢，外人房地产商 34 家（有自置房地产者）。他指出：为了便于领导的集中统一，各部门互相配合行动，和进行进一步的调查研究与指导各方面的处理工作，建议在市委领导下成立一个处理外资企业办公室，由各有关部门调集少数专职干部参加工作。[②] 4 月 4 日，上海市委就发出了成立以黄华为主任，俞沛文、叶进明、梅洛三同志为副主任的外资企业办公室。5 月 4 日，上海市人民政府外事处发布关于肃清上海帝国主义经济特权的方案（草案），强调要求根据企业的不同国别，

---

① 上海市档案馆、财政部财政科学研究所编：《上海外商档案史料汇编》（一），1987 年内部整理编辑，第 144 页。

② 上海市档案馆、财政部财政科学研究所编：《上海外商档案史料汇编》（一），1987 年内部整理编辑，第 42—43 页。

有理、有利、有节地采取不同的改造方式，认为“对我们最有利的处理方式是对价转让，此方式应成为今后处理外商企业的基本方式，必须用尽一切办法尽可能促成之”。[①] 残存的外商深知中国各方面对他们挤压，同时也体会到转让是结束企业唯一可能为中方接受的方式。所以，外商企业对于以转让方式求得解决越发明了。

1953 年 6 月召开的外事工作会议在总结经验的基础上确立了以下方针：(一) 有计划、有步骤、有重点地清理帝国主义在中国的产业，而与其开展平等互利的贸易往来。(二) 按照国籍、系统、行业等各种不同的具体情况，区别对待，个别处理，稳步前进。(三) 密切结合国内外形势，根据有关国家对中国的态度、国内建设的需要与可能，以及外国产业本身的问题与意愿，按照有理、有利、有节的原则，采取多种处理方式。[②]

随着改造高潮的到来，上海外事处加强了对残存的规模较大的工业企业和房地产公司的经济斗争。主要是：对工业企业加紧控制供产销，把加工改为订货，在原料中积压他们的资金，压缩生产任务，减少他们的收入；对房地产公司代管代修了大量危险房屋，压低租金，使其减少收入。通过这些手段，使其资金周转困难，进而积累了巨额债务。从而动摇了外资企业“待价而沽”的想法，使处理条件逐渐成熟。

在改造高潮的声势下，外资企业内部各方面的压力加剧，

---

① 上海市档案馆、财政部财政科学研究所编：《上海外商档案史料汇编》(一)，1987 年内部整理编辑，第 52 页。

② 裴坚章主编：《中华人民共和国外交史》(1949—1956)，世界知识出版社 1994 年版，第 268 页。

使得大企业在上海的外籍负责人大多感到无可抗拒，更加坚决主张转让，少数一向主张继续观望的也大为动摇，这些企业的国外业主也有了相应的转变。英国官方态度也比以前更加明确，英国参赞盖尔纳就向中方表示：英国政府的态度是明确的，在华英商应该适应中国所发生的巨大变化。并向英商负责人表示：无论你们采取什么态度，你们企业终将为政府所有。① 1953 年上海市全年共处理外商企业 90 户，职工 9973 人，资产 6551 亿元。② 到 1953 年年底，上海还剩外商企业 215 家，职工人数 10431 人，资产估值 11575 亿元。③ 其中，英商还存 84 家，职工 8122 人，资产总值 8930 亿元。其中包括工业 14 家，房地产 21 家，银行 4 家，贸易 22 家，轮船仓库码头 7 家，其他 16 家。美商还存 17 家，职工 492 人，资产总值 167 亿元。包括房地产 1 家，贸易 8 家，轮船仓库码头 1 家，其他 1 家。法商还存 19 家，职工数 587 人，资产总值 416 亿元。包括工业 2 家，房地产 7 家，银行 1 家，贸易 5 家，轮船仓库码头 1 家，其他 3 家。④

1954 年日内瓦会议召开之后，英国工党代表团来我国访问，法国、英国及其他外国工商业代表团相继来我国签订了贸易协定，中、英二国政府互派代办，等等。这些国际关系方面的演

---

① 上海市档案馆、财政部财政科学研究所编：《上海外商档案史料汇编》(一)，1987 年内部整理编辑，第 469 页。

② 上海市档案馆、财政部财政科学研究所编：《上海外商档案史料汇编》(一)，1987 年内部整理编辑，第 176 页。

③ 上海市档案馆、财政部财政科学研究所编：《上海外商档案史料汇编》(一)，1987 年内部整理编辑，第 157 页。

④ 上海市档案馆、财政部财政科学研究所编：《上海外商档案史料汇编》(一)，1987 年内部整理编辑，第 185—187 页。

变，有利于缓和国际紧张形势，扩展了我国对外活动及对外贸易关系。这情势，对上海外商尤其是英商产生了一定影响。如英商信倡公司总经理认为这些情况已“造成了良好的气氛”，是要求批准解雇职工、汇出利润和出售工厂的“最适当的时机”。[①]中、英两国互派代办后，英国官方对在华英商企业去留前途估计，认为：大势已去，旧时代已一去不复返，保留在华残余经济势力已无可能，因此他们的基本态度是在中国的英商应采取各自认为有利的办法和条件，及早结束其企业，他们认为不可能支持英商在结束时谋取过高的代价。希望“旧的一切快快过去，新的关系早些开始”。英国驻沪办理侨务官员一再口头及书面请求外事处同情考虑英商企业转让申请，并要求协助从速达成转让。[②] 针对国际形势的缓和，上海外商处根据外交部的指示，在某些具体问题的处理上也放宽了尺度，比如迅速批准某些企业负责人的更换及出入境，分批批准某些企业出售少量动产，并在个别企业的处理步骤上有所斟酌，有意识地放得缓慢和迂回，从而相应减少处理工作的阻力，形成了缓和的气氛。

1954 年，上海残存的主要外商企业除个别打算仍不明确外，一般都是“继续求去”或争取结束其旧企业，有部分企业准备在结束旧企业或紧缩旧机构的情况下继续经营或维持，以增加对华贸易。1954 年，上海以各种方式处理了外商企业 84 家，职工 2361 人，资产估值人民币 2427 亿元。这 84 家企业分别是：

---

① 上海市档案馆、财政部财政科学研究所编：《上海外商档案史料汇编》(一)，1987 年内部整理编辑，第 290 页。

② 上海市档案馆、财政部财政科学研究所编：《上海外商档案史料汇编》(一)，1987 年内部整理编辑，第 291 页。

工业 10 家，银行、贸易、航运各业 33 家，房地产 19 家，其他各业 22 家。[①] 到 1954 年年底，上海还存外商企业 105 家，职工 7673 人，资产估值人民币 9062 亿元。[②] 残存的企业仍以英商为主，计 33 家，职工 5792 人，资产估值 5273 亿元。[③] 美商 8 家，职工人数 179 人，法商 11 家，职工人数 411 人。[④] 1954 年对外商企业的处理，主要是以转让方式进行的。1954 年，残存的外商深知中国各方面对它们挤压，同时也体会到转让是结束企业唯一可能为中方接受的方式。所以，外商企业对于以转让方式求得解决已较 1953 年时更为明了。在转让谈判过程中，我们要求外商企业“以全国范围内一切资产”抵偿“经双方协商同意的负债”，避免外商急于摆脱其债务和义务，坚持“一切资产”抵偿“一切负债”的不合理要求。另外，在处理工作中我们还开始较多地运用外商企业的华籍资方代理人，通过做这些人的工作，来向外籍资方代理人来施压。

1955 年，上海外事处加强了对残存的规模较大的工业企业和房地产公司的经济斗争。主要是：对工业企业加紧控制供产销，把加工改为订货，在原料中积压他们的资金，压缩生产任务，减少他们的收入；对房地产公司代管代修了大量危险房屋，

---

① 上海市档案馆、财政部财政科学研究所编：《上海外商档案史料汇编》(一)，1987 年内部整理编辑，第 293 页。

② 上海市档案馆、财政部财政科学研究所编：《上海外商档案史料汇编》(一)，1987 年内部整理编辑，第 298 页。

③ 上海市档案馆、财政部财政科学研究所编：《上海外商档案史料汇编》(一)，1987 年内部整理编辑，第 299 页。

④ 上海市档案馆、财政部财政科学研究所编：《上海外商档案史料汇编》(一)，1987 年内部整理编辑，第 320 页。

压低租金，使其减少收入。通过这些手段，使其资金周转困难，进而积累了巨额债务。从而动摇了外资企业“待价而沽”的想法，使处理条件逐渐成熟。1955 年处理了外资企业 35 家，职工 1417 人，资产估值人民币 2153 万元（不包括集中在上海处理的上海以外地区的财产）；外人土地 1400 亩，房屋 135 万平方公尺，房屋估值人民币 5388 万元。到 1955 年年底上海还剩余 74 家外资企业，职工人数 6488 人，资产估值 6995 万元。① 其中美国企业已全部清理完毕，英国企业尚存 29 家，法国企业尚存 6 家。

1956 年，在改造高潮的声势下，由于企业本身的困难，企业内部各方面的压力，使得大企业在上海的外籍负责人大多感到无可抗拒，更加坚决主张转让，少数一向主张继续观望的也大为动摇。这些企业的国外业主也有了相应的转变。比如经过长期挤压的英商卜内门公司就指示上海负责人在谈判中适当掌握分寸，不要决绝，必要时准备汇一定款项解决在转让中难以解决的问题。上海分公司终于在 1956 年 1 月 16 日提出转让。纶倡总公司在 1956 年 1 月 10 日给其上海分公司来信中还在强调要和中方斗争到底，但随即就发生了转变，考虑到中国改造高潮的形势，随即就表示不愿意成为改造高潮中的障碍，并对过去不了解情况，采取不友好态度表示歉意，强调今后一定要和中方保持友好的关系。最终，其上海分公司在 1956 年 1 月 18 日向中方提出了转让。英国官方态度也比以前更加明确，英国参赞

① 上海市档案馆、财政部财政科学研究所编：《上海外商档案史料汇编》(一)，1987 年内部整理编辑，第 462 页。

盖尔纳就向中方表示：英国政府的态度是明确的，在华英商应该适应中国所发生的巨大变化。并向英商负责人表示：无论你们采取什么态度，你们企业终将为政府所有。① 1956年，上海外事处在外资企业愿意接受资产对负债的基础上进一步采取从速从宽的精神，继续加强挤压，简化谈判手续，缩短谈判时间，加速处理外资企业。到1956年12月31日，上海还残存英商外资企业14家，职工1166人，资产总值49219066元。包括工业1家，即密丰绒线厂；银行业3家，即麦加利银行、汇丰银行和新沙逊商业银行股份有限公司；航运1家，即中国马勒有限公司；进出口4家，即亚细亚火油有限公司，乐士德有限公司，保和公司，信倡机器工程有限公司；房地产4家，即远东营业股份有限公司，上海地产投资股份有限公司，华懋地产股份有限公司和麦达有限公司。另外酒吧1家，即阁尔邓孙酒吧。法商3家，其中航运1家，即法国油船公司；进出口2家，即永兴洋行和巴黎工业电机厂股份有限公司。职工79人，资产总值903231元。②

社会主义改造完成后，上海市政府本着“有计划、有步骤、有重点地挤掉帝国主义在华的企业而与之加强平等互利的贸易往来”③ 的总方针。1957年转让1家，即加拿大韦廉士制药厂。歇业3家，即朝鲜晋记理发店，两家比利时进出口公司，即比

---

① 上海市档案馆、财政部财政科学研究所编：《上海外商档案史料汇编》(一)，1987年内部整理编辑，第469页。

② 上海市档案馆、财政部财政科学研究所编：《上海外商档案史料汇编》(二)，1987年内部整理编辑，第155—157页。

③ 上海市档案馆、财政部财政科学研究所编：《上海外商档案史料汇编》(二)，1987年内部整理编辑，第194页。

利时远东建业公司和比国铁路公司。1958 年又转让 6 家，其中英国 4 家，包括英国华懋地产股份有限公司、远东营业股份有限公司、上海地产投资股份有限公司和新沙逊商业银行股份有限公司。德国 1 家，即美惠工业公司。无国籍 1 家，即老大昌洋行。合营 3 家，3 家都是日本的，即美利修理机器工厂、竹兴记木场和张士田焠火工厂。歇业 5 家，其中朝鲜 2 家，即万成号和林盛公司。伊拉克 1 家，即马席斯洋服店。瑞士 1 家，即百利有限公司。英国 1 家，即保和有限公司。到 1958 年 12 月 31 日止，上海还存外资企业 35 家。[①] 到 1958 年年底英资企业尚存 9 家，法资企业 3 家。

1959 年歇业 4 家，其中包括英国 2 家，即乐士德有限公司和信昌机器工程有限公司；瑞典 1 家，即瑞丰洋行；印度 1 家，即达士贸易公司。1959 年转让 1 家，即英国密丰绒线厂。1959 年代管 1 家，即英国麦达有限公司，因其负责人被逮捕，政府以“无主管业”为由宣布代管。另外，加拿大基督福音书店因其负责人进行反革命活动被捕，企业被没收。此外，朝鲜金华汽车修理行因其负责人申请合营被批准。1959 年共处理 8 户，到 1959 年 12 月 31 日尚存 27 户。[②]

1960 年，上海共处理外商企业 12 户，包括转让 2 户，歇业 10 户。1960 年瑞士华铝钢精厂的顺利转让，标志着外商在华大型企业全部改造完毕；法商永兴洋行的转让，使外商仅存的大

---

① 上海市档案馆、财政部财政科学研究所编：《上海外商档案史料汇编》(二)，1987 年内部整理编辑，第 270 页。

② 上海市档案馆、财政部财政科学研究所编：《上海外商档案史料汇编》(二)，1987 年内部整理编辑，第 286 页。

型码头仓库也被收回国有。1959 年以来由于中国政府基本上停止了对外贸、航运商的贸易业务和来船的货物配载，使得外贸、航运企业举步维艰，纷纷觉得没有必要再留在中国。所以在 1960 年申请歇业的有 7 家。分别是挪威轮船有限公司和亨洋行，法国巴黎工业电机厂股份有限公司和法国游船公司、丹麦宝隆洋行和捷成洋行、瑞士华加股份有限公司。另外 3 户都是小户，包括印度咖喱、新源牧场因业主回国申请获准歇业。朝鲜商人金文歇业后，财产作价收购，业主已由有关部门录用。1960 年 1 月法国永兴洋行转让，3 月和 7 月法国巴黎工业电机厂股份有限公司和法国游船公司相继歇业。至此，法国在上海的法商企业全部被清理完毕。到 1960 年年底，上海还尚存外国企业 15 户。其中英国 5 家，分别是汇丰银行和麦加利银行；进出口 1 家，即亚细亚火油有限公司；航运 1 家，即中国马勒有限公司，还有 1 家酒吧，即金日酒吧。瑞士 1 家，即进出口企业裕泰洋行。瑞典 1 家，即航运兼进出口企业维倡洋行。丹麦 1 家，即大北电报有限公司。印度 5 家，1 家是商店，其余 4 家是牧场。另外无国籍 2 家。这 15 家里面，有 2 家英国商业银行因政府当局需要维持，不主动挤压，所以他们 2 家盈余情况尚可。其他进出口企业由于受到挤压，业务都比较惨淡，正在打算准备歇业或者转让。

到 1961 年，整个中国还尚存外国在华企业 29 家，主要集中在上海和天津两地。对于残存的外商企业处理过程中主要是税收问题难以定论，如果挤压过甚，势必会引起这些企业所属当局政府的报复，另外，这些国家大多在国际舞台上是属于中立的国家或有中立倾向的国家，这些国家是我国在外交上争取的对象。比如瑞士就是我国开展同西方国家贸易、购买科技器材，与西欧未建交国家的兄弟党联系和我国去往非洲和拉丁美洲的通道。如果对其在华企业处理不好，就会影响我国对其的争取。所以外交部在给总理的呈报中提出："不再主动挤压，在政治上留作点缀的方针，从有利于争取这些有中立倾向的国家着眼……主动做些工作。"① 周恩来总理在1961年6月2日做出批示。指出：凡申请歇业的，都可批准。未申请歇业的，可看一看。有营业的，可控制其利润。② 6月23日，针对税收问题，财政部税务总局转发了外交部的请示报告和总理的批示，要求河北和上海税务局"有关税收问题，希望与当地外事部门研究，并报市委决定执行"。③

根据这个原则，1961年上海共处理外商企业5家。丹麦大北电报公司在谈判过程中，我们采取主动措施，承担了对其职工的义务，并给予其10万元人民币等值的外汇，所以赢得了其企业负责人的感谢并顺利实现了转让任务。对无国籍企业拜尔鹊克良面包厂我们也是承担了职工的义务，并支付了5000元，所以也顺利实现了对其的转让任务。另外，瑞士裕泰洋行、瑞典维倡洋行和英国金日酒吧申请歇业都获批准。另外，1961年在处理以前棘手的汇税问题，我们本着从宽从速处理的原则，使其解决得比较顺利。比如丹麦捷成洋行就主动承认隐匿船务

① 上海市档案馆、财政部财政科学研究所编：《上海外商档案史料汇编》(二)，1987年内部整理编辑，第305页。

② 上海市档案馆、财政部财政科学研究所编：《上海外商档案史料汇编》(二)，1987年内部整理编辑，第303页。

③ 上海市档案馆、财政部财政科学研究所编：《上海外商档案史料汇编》(二)，1987年内部整理编辑，第303页。

代理佣金率 2.5%共计港币 52 万元，并主动向税务部门申报补税。本着从宽的原则，中方也不主动追加罚款，不计前嫌，所以其解决得也较顺利。

1961 年年底上海还尚存外商企业 10 家。其中英国 4 家，分别是汇丰银行和麦加利银行，进出口 1 家，即亚细亚火油有限公司，航运 1 家，即中国马勒有限公司。印度 5 家，1 家是商店，其余 4 家是牧场。另外无国籍 1 家。这些企业上海外事局本着总理的批示（“凡申请歇业的，都可批准。未申请歇业的，可看一看。有营业的，可控制其利润。”）都在积极处理过程中。1962 年，2 家外资企业歇业，2 家都是印度企业，1 家商店和 1 家牧场。到 1963 年上海还尚存外商企业 8 家，其中英国 4 家，分别是汇丰银行和麦加利银行，进出口 1 家，即亚细亚火油有限公司，航运 1 家，即中国马勒有限公司。印度 3 家，3 家是牧场（光陆牧场、康纳牧场、印度牧场）。另外无国籍 1 家（日内瓦钟表商店）。

亚细亚火油有限公司 1951 年 4 月 30 日由中国政府宣布征用除其总公司和分支机构之办公处以外的全部财产，并征购其全部存油后，各地分支机构均相继歇业，只留上海办公处继续存在，直至 1966 年 1 月才将上海办公处房屋等财产转让给我中华企业公司。[①] 其他几家牧场和商店在这前后也很快就歇业。考虑到英资汇丰银行和麦加利银行在中国有近百年的历史，熟悉中国国情，有相当影响力，因此，中国政府设法挽留

① 上海市档案馆、财政部财政科学研究所编：《上海外商档案史料汇编》（五），1987 年内部整理编辑，第 444 页。

它们。中方建议在清理完资产债务后，汇丰银行和麦加利银行把全国范围内的财产转让后，在上海保留机构，继续营业，并适当介绍业务给它们，以减少其亏损的压力。这两家银行一直维持到80年代，成为中国对外开放后首批在上海开业经营的外资银行。

总体说来，新中国成立初期中国共产党和政府对外国在华企业的接收与改造是根据不同情况，不同条件，分别先后、分批处理的，基本上使我们处于主动有利地位。接管时，对中外职工一律“各按职守，薪工照发”，即采取“包下来”的办法。对资方及资方代理人，如是外籍的，一律不留用；如是华籍的，原则上是“去留听便”，并维持“原职原薪”。企业的生产及行政管理工作由军管会负责，同时成立吸收各方代表（包括企业党、政、工、团负责人，各部门、各车间代表，老年工人、技工及原资方代理人代表等）组成企业临时管理委员会来商讨推进各项接管事宜。对企业接管前的各项工作和制度暂且维持现状，不加变动，待研究与征询各方意见后，再做调整。正如上海市人民政府外事处俞沛文处长在总结接管经验时指出的，“如不顾及各个时期的国内外形势及对内对外政策，不考虑主管力量，单凭感想或愿望，不区别国籍，不分先后，企图一次接管全部，或提前（更早）接管外商公用企业，则不仅违反中央的基本政策方针，并会在对外斗争上造成严重错误，对内造成混乱等不良后果”。①

---

① 上海市档案馆、财政部财政科学研究所编：《上海外商档案史料汇编》(一)，1987年内部整理编辑，第252页。

五、改造过程中的转让政策

军管及征用的方式虽然处理迅速、主动，但形式上较为紧张。1953 年以前，上海大部分外国企业都是通过这几种方式处理的。转让是一种自愿的、商业性的行为，通过转让，中国政府以不大的代价就彻底解决了企业的所有权问题，消除了日后引起外交交涉的可能。因此转让是一种对中国党和政府政治上、经济上十分有利的处理方式。

转让是一种经济手段，是通过商业协议的形式进行的，一般经过三个环节，首先是挤压，力促转让。即运用政治形势、通过控制企业经营范围、原料供应、销售市场、劳动条件、技术设备等方面，采取经济上的措施和利用企业本身的弱点向其施压，迫使其走转让之路。其次是谈判。由我方承让单位（一般是国营企业）派代表就外资企业要求转让资产与承担负债与义务的各项条件进行谈判，达成协议。最后是签约接管。即双方签订契约，承让单位进行接管。

上海解放后，一开始上海市政府对对价转让还不是十分明确，正如上海市政府提及的，由于“处理方针不够明确。因此对职工多，而本身确有困难的外商企业处理时便感到无从着手，不仅工作陷于被动，且拖延较迟，往往造成其他影响（如瑞典商美光火柴公司问题）”。[①] 另外，对于领导、分配等问题也没有明确的指导方针。如外事处指出的：需要处理的企业，应由中

---

① 上海市档案馆、财政部财政科学研究所编：《上海外商档案史料汇编》(一)，1987 年内部整理编辑，第 9 页。

央还是地方，由哪一部门接管经营，过去未统一分配确定，须临时在处理前请示决定，因而接管所需资金及干部均无着落，准备工作，也就无法进行，影响处理工作进展的速度。① 再如颐中烟草公司早在 1951 年 8 月经董事会授权，提出对价转让申请时，因为政府“对转让这种办法不摸底，不敢接受”。② 1952 年 4 月，上海烟草公司与颐中烟草公司在上海南苏州路 175 号老晋隆洋行签订有关转让颐中烟草公司在华全部企业的草约时，“未能完全明了转让是对我最为有利又切实可行处理外资企业的重要方式”。③ 正因如此，从 1949 年 10 月到 1953 年 1 月，上海只对价转让了四家外资企业，分别是：1952 年 4 月 1 日，对价转让英商颐中烟公司，1952 年 6 月 28 日，对价转让英商中国肥皂公司，1952 年 9 月，对价转让英商海和公司，1952 年 9 月 25 日，对价转让美商马迪公司。

1953 年，资本主义工商业社会主义改造的政策确立后，上海市政府对转让政策日趋明晰。1953 年 5 月 4 日，上海市人民政府外事处发布关于肃清上海帝国主义经济特权的方案（草案）强调要求根据企业的不同国别，有理、有利、有节地采取不同的改造方式，认为“对我们最有利的处理方式是对价转让，此方式应成为今后处理外商企业的基本方式，必须用尽一切办法

---

① 上海市档案馆、财政部财政科学研究所编：《上海外商档案史料汇编》(一)，1987 年内部整理编辑，第 55 页。

② 上海市档案馆、财政部财政科学研究所编：《上海外商档案史料汇编》(二)，1987 年内部整理编辑，第 207 页。

③ 上海市档案馆、财政部财政科学研究所编：《上海外商档案史料汇编》(二)，1987 年内部整理编辑，第 207 页。

尽可能促成之”,[①] “对未建交国家如英、美、法等国籍的较大型企业，以对价转让为基本处理方式，要求以不花代价达到解决其产权。……促成对价转让，主要通过抓紧催收欠税、处理五毒、处理敌产等办法，同时配合以控制其原料、销路及加工订货、职工合法斗争与处理其民、刑案件等办法，使其经营困难，积累债务，不得不申请对价转让”。“对已建交资本主义国家企业，也应尽可能促成对价转让。但在使用促成办法时，应适当照顾对外关系，防止生硬，避免在外交上被动”。[②] 外事处要求对价转让要分期分批进行。对条件成熟的即可进行准备工作，对尚不具备条件者，则开始研究创造条件，并强调：“为保证安全，防止破坏，及保证接管后可以有计划地维持生产，须事先有计划有步骤地加强对各企业的了解，加强对其生产管理的监督，和加强党、团、工会的领导，配合处理工作。具体方式按照企业情况（如有无加工订货、欠税、债款等）规定。[③] 但同时强调可根据不同主客观条件，可随时采取不同方式，强调：“无偿租用是一种商业行为，形式上较为松弛，即使建立外交关系，对方也无从向我方提起。对于那些确实不具备促成对价转让之条件的企业，而又不便征用或军管时，我们拟采用无偿租用，或出极低租金租用的办法。租期争取订得较长，如十年到十五

---

① 上海市档案馆、财政部财政科学研究所编：《上海外商档案史料汇编》(一)，1987 年内部整理编辑，第 52 页。

② 上海市档案馆、财政部财政科学研究所编：《上海外商档案史料汇编》(一)，1987 年内部整理编辑，第 49 页。

③ 上海市档案馆、财政部财政科学研究所编：《上海外商档案史料汇编》(一)，1987 年内部整理编辑，第 50 页。

年，以便随着国内形势的发展而解决其产权。"[①]

对价转让方式是 1953 年的基本处理方式，但同时，根据各个企业的不同情况，也采用了其他方式，并采用了一些新的方式。如对于英商怡和纱厂，因其华股比重高，企业经营有盈余，故采取了取得三分之一股权、接管其经理权的方式。再如法商电车电灯公司，因为它是影响较大的公用事业单位，对其采取了收归公营代管财产的处理方式，跟一般单纯代管方式不同。这些都是"值得考虑采用的一种处理方式"。[②]

由于经验不足等问题导致在实际转让工作中也存在诸多错误和缺点。如在领导掌握上，对个别企业的处理，体现政策和策略方针不够全面与稳妥，存在一定程度的主观、急躁情绪与单纯任务观点；调查研究工作尚不够深入细致，解决问题的方式方法尚显生硬与不灵活；工作经验积累与总结不够注意与不及时。[③]"较突出的表现，是对英商和记的处理，事先我们没有很好权衡条件是否成熟，采取主动、生硬的挤逼办法（如因和记长期拖欠巨额电费而截断电源；考虑必要时拘押和记英籍负责人等），企图一鼓促使其就范而提出转让，忽视了斗争的复杂性。"[④] 另外，在对英国太古码头仓库和瑞士商华铝企业的处理

① 上海市档案馆、财政部财政科学研究所编：《上海外商档案史料汇编》(一)，1987 年内部整理编辑，第 53 页。

② 上海市档案馆、财政部财政科学研究所编：《上海外商档案史料汇编》(一)，1987 年内部整理编辑，第 159 页。

③ 上海市档案馆、财政部财政科学研究所编：《上海外商档案史料汇编》(一)，1987 年内部整理编辑，第 141 页。

④ 上海市档案馆、财政部财政科学研究所编：《上海外商档案史料汇编》(一)，1987 年内部整理编辑，第 147 页。

方面，都存在挤逼方式的生硬和急躁。与此同时，在对外商公用企业的处理上存在着迟疑顾虑的倾向。如上海市外事处俞沛文在总结上海市接管外商公用企业工作情况时指出：实事上，在三年半过程中，政府主管部门对各外商公用企业主要起了服务作用，即协助它们解决资金困难（如给予银行贷款、调整价格），解决燃料、原物料供应等工作，对于企业内部生产与管理过程，未能积极插足，对必需进行的统一领导，调整各企业供应等工作，却多方顾虑，迟迟未能动手，实际上，是放弃了对它们的监督领导，使企业长期能“我行我素”，造成了市政建设工作上的很大困难与不经济。①

为了推行转让方式，总结前期的经验和教训。1953 年 5 月，外交部、中央财经委员会及中央各有关部门就上海外资企业改造问题发出一系列指示，安排资金贷款，落实对价转让改造方案。上海方面，在“华东局及上海市委领导下，成立专门机构，吸收有关单位参加，派遣专职干部成立办公室，使领导统一、集中，各部门步调一致，便于迅速处理”。② 至此，“对价转让”就成为改造外资企业的重要方式被确立起来。经过 1953 年的全年实践，上海外事处积累了一些经验。具体表现为：首先在签约接管前即适当控制其企业的经营管理，然后，在进行转让谈判的同时，继续对企业适当挤逼，保持压力，使谈判在对我有利的情况下进行。但同时必须照顾到我市场供应的需要，照顾

① 上海市档案馆、财政部财政科学研究所编：《上海外商档案史料汇编》（一），1987 年内部整理编辑，第 255 页。

② 上海市档案馆、财政部财政科学研究所编：《上海外商档案史料汇编》（一），1987 年内部整理编辑，第 54 页。

到接管后能继续正常生产，甚至能扩大再生产的需要。这样一来，就使我方对对价转让条件的制定，更有控制、更有利及更有实际意义。比如对怡和啤酒厂转让谈判时，首先就通过劳资协议，对其继续出售啤酒所得的现金，适当控制，规定其75%必须用于购买再生产所需原料，不准资方自由动用消耗。这样就保证了既有利于谈判，又有利于再生产和市场供应。

在对价转让过程中，上海市政府有关部门较好地结合了原则性和灵活性，例如在企业债务上，一方面坚持“一切资产抵偿双方协商同意的债务”和“不承担外币债务”，“只包括经对方提出，由我承让单位同意承担之负债或义务，其他一律不负责任；避免接受范围不明确的债务、义务，避免外商企业将一切责任推卸给我”。[①] 另一方面在一些具体问题上放宽尺度，为了消除银行、贸易、航运商转让时对负债的顾虑，则主动表示态度，适当放宽承担负债的范围，增设了有限额的“可能发现的负债”项目。

1953年，上海对价转让了8家外资企业，英商7家，分别是：蓝烟囱轮船码头公司、美灵登印刷公司、公和祥码头公司、汉中蛋厂、永光油漆公司、怡和啤酒厂、平和机器公司。美商1家，即沙利文糖果饼干公司。1954年，又对价转让了9家。1955年，英商汇丰、麦加利、有利3家银行以及英商可的牛奶公司等4家企业完成转让。1956年，14家外资企业以转让的方式成为了国营企业。1957年转让1家，即加拿大韦廉士制药厂。

---

① 上海市档案馆、财政部财政科学研究所编：《上海外商档案史料汇编》(二)，1987年内部整理编辑，第224页。

1958年又转让6家，其中英国4家，包括英国华懋地产股份有限公司、远东营业股份有限公司、上海地产投资股份有限公司和新沙逊商业银行股份有限公司。德国1家，即美惠工业公司。无国籍1家，即老大昌洋行。1959年转让1家，即英国密丰绒线厂。1960年转让2家，即瑞士华铝钢精厂和法商永兴洋行。

附：上海市政府对英国太古公司的转让

太古集团是从最初的洋行起家的。英国太古集团的创始人是斯怀尔家族中的老斯怀尔，他最初从事的主要是倒手买卖。首先将英国的毛纺织品和棉织品运到中国，委托在上海的代理行琼记洋行和普莱斯顿与布鲁尔洋行销售。然后从中国进口茶叶和生丝，赚取差价谋求发财之道。到了19世纪60年代，委托在华经营的两个洋行因财务问题深陷窘境，代理业务无法正常进行。于是，老斯怀尔便想利用积累的资金开设自己的洋行。1866年10月中旬，老斯怀尔家族企业斯怀尔父子公司便和商业合作伙伴理查德·S. 巴特菲尔德协议合伙创立三个商行，其中一个便决定设在中国上海。老斯怀尔利用第一代斯怀尔遗留的1000英镑遗产，于1866年11月中旬再次到达上海，在礼查洋行旧址挂起了“太古洋行”的牌子。1867年1月1日，太古洋行开业。它以接受和销售从英国运来的纺织品为主要业务。同时负责把中国的茶叶和丝绸运到英国、澳大利亚和斯怀尔父子公司在纽约的分行销售。[①] 经过斯怀尔家族的不断努力，太古集

① 张仲礼、陈曾年、姚欣荣：《太古集团在旧中国》，上海人民出版社1991年版，第9页。

团成为一个以太古洋行、太古轮船公司为核心，后逐步融合轮船、炼糖、油漆等门类的综合性大集团。其在 18 世纪末开始发迹，到 19 世纪中期，资本积累到 238146000000 元。①

1872 年 4 月 1 日，老斯怀尔创建太古轮船公司经营长江航运。利用太古洋行的资金保障在短短数十年间便将家族企业业务拓展至太平洋及远东地区的商品贸易和航运业。1881 年 6 月 24 日，老斯怀尔在香港成立了太古炼糖厂，利用其资金和技术优势，很快扩大了中国市场，占据了半壁江山。1898 年 12 月 1 日，老斯怀尔与世长辞，第三代约翰·斯怀尔继承家族企业。随着太古集团在远东和中国航运业的发展，需要一个大型的船坞修理厂维修集团旗下的船只。为此，约翰·斯怀尔于 1900—1901 年在香港夸里湾成立了太古造船厂，1904 年在天津成立了驳船公司。太古造船厂建成后，不仅为斯怀尔家族利益系统内部服务，而且还为驻港英国海军战舰服务。在特权的支配下，逐步包揽了中国华南地区的造船业务。但是，天津驳船厂一成立，与大沽驳船公司产生了业务竞争，到 1912 年与大沽驳船公司达成共同营业协议，一起垄断了天津进出口运输。自此以后，太古集团公司在华利益不断巩固。

新中国成立前后，太古集团失去旧日特权后，其业务逐渐惨淡并至濒临灭绝的境地。特别是凭借以往特权（沿海、内河航行权）所经营的进出口业务首当其冲。为了确保既得利益免受损害，便想方设法将代价转移到雇佣的中国工人身上，提出

---

① 上海市社会科学院经济研究所摘抄整理：《太古固定资产总清单》，《太古抄档》，F-6-13。

解雇、裁员、减薪、停工等不合理要求，试图以最少的代价谋求企业的继续存在。此种需求必然与中国法律相违背。在中国法律范围内，设立了工会，加强对劳工的控制，保护劳工的利益。工会要求，太古集团继续在国内存留的条件是：不得随意扣除、拖欠工人工资，不得随意裁员，拖欠工人的工资如数奉还，并按照公司的基本要求缴纳一定的劳工保险金，保险金额不能低于劳工工资的3%。[①] 太古公司几乎不可以裁员，而且其所有职员的开销明显加大。为谋求早日脱离中国，不得不央求总部汇款。可是，介于各种中间环节的障碍，所汇款项从未到达过上海。当时太古集团在重庆方面的负责人的原话说明了这种情况。“至于上述财产所带来的收入，我们完全知道我们应该在收到时立即汇给你们。但是你们必须知道这些收入的支票是由官员当着我们职员的面交给发票人的。而这些职员觉得他们现在已经无事可做了，并将这些钱汇入银行，接受监督，直到解雇的问题得到解决。”[②] 再如太古公司的码头及航运部门，由于解放后来沪船只减少而效益递减，提出减薪后，多数码头工人的生活发生实际性困难；但是，公司并没有研究提升效益、改变现状的方案，而是安于现状，仍保持庞大的公司机构，甚至于特权消失后，保留有长江沿岸 19 个分公司的“躯壳机构”。可见，其对恢复在中国的内河航权仍有野心，幻想有缝隙可钻，由此而进行了复杂而漫长的“探索”，并不放过任何机会与政府

① 谢艾伦：《被监押的帝国主义——英法在华企业的命运》，中国社会科学出版社 2004 年版，第 152 页。

② 谢艾伦：《被监押的帝国主义——英法在华企业的命运》，中国社会科学出版社 2004 年版，第 152 页。

做合法斗争，甚至曲解法令以达成目的，但这些看似高明的手段并没有起到应有的作用。[1] 如其请求在中国加设分公司，中央给的统一答复是：暂不考虑。[2]

上海解放后，在中共监督和利用政策下，太古集团具体情况如下：

太古股份有限公司（Butterfield&Swire）在上海的办事处：中山东二路21-23号，电话82020，具体分公司的代理人有：

1. 太古轮船股份有限公司（China Navigation Co.，Ltd.）

太古外滩码头（公司码头）：太古总办事处对马路

太古浦东码头：浦东烂泥渡路（外滩码头对江）

太古华通码头：浦东烂泥渡路

2. 蓝烟囱轮船股份有限公司（Ocean Steam ship Co.，Ltd.）

蓝烟囱码头：浦东凌家木桥（杨树浦桥对江）

3. 太贸公司（Swire&MacLaine Co.，Ltd.）

4. 永光油漆公司（Orient Paint C01. our&Varnish Co.，Ltd.）

工厂：平凉路2200号，电话51596

5. 太古车糖公司（Taikoo Suger Refining Co.，Ltd.）

工厂：浦东烂泥渡路（太古浦东码头附近）

太古系六公司的大权，全部集中在每个公司总经理蒲乃武（J. A. Blackwood）一人之手，每公司的负责人，及重要部门之

---

① 上海市档案馆、财政部财政科学研究所编：《上海外商档案史料汇编》（七），1987年内部整理编辑，第81页。

② 中央档案馆、中共中央文献研究室：《中共中央关于暂时不考虑帝国主义国家商人在中国设立分公司给山东分局的批复》（1949年10月6日），《中共中央文件选集》，人民出版社2013年版。

主任都是英人。他们下面都有一个中国买办协助，现称为襄理。

上海的太古公司是在中国各地分公司的总公司，各地均直接向蒲乃武请示。

资产情况如下：

（甲）住宅：属于太古股份有限公司的有花园洋房及其他住宅 9 处，共占地 516964 平方公尺。这批住宅大约是经理及高级职员所住。

（乙）太古车糖公司人：重要生产设备有

房地产：2 层厂房 1 座，面积 6500 平方公尺

电力马达：15 匹马力 1 只

汽油马达：12 匹马力 1 只（停电时用）

方糖制造机 1 座，每小时产量 4000 磅（每磅 100 块）

烘炉 8 只，容量 720 磅

营业情况：

（甲）船务部：太古解放前，分内河班及外洋班。1936 年，太古定期行驶长江线的轮船有 16 艘，总共 30000 吨之多。当时仅次于日本日清公司（17 艘，35000 吨），据公司自称，太古来沪船舶最多的一年达 720 艘，平均每天 2 艘之多。蓝烟囱来沪船舶最多一年为 50 艘。

解放后，太古来沪船舶共 8 艘（总吨数 24128）。蓝烟囱来沪 1 艘（8287 吨）。

据上海字林西报百周特刊载，太古 1941 年时有 57 艘船，共有 154000 吨，为英国最大的专门行驶于远东及太平洋之航线。据公司自称，目前太古（总公司）有船 25 艘共 85780 吨。蓝烟囱（总公司）有 171 艘，共 585105 吨。

（乙）太贸公司：是1946年成立的进出口公司，进口物品是化学品、钢、机器工具、机械器材等，出口桐油、五倍子等。领有国外贸易管理局进出口执照。

据职工反映，太贸公司目前主要业务是进口西药，曾大量从天津输入，供给万国药房、信谊药厂、新亚药厂等，用以补贴太古其他部分开支。

（丙）保险部：太古保险部的设立，主要对象是载运于太古各航线上的货物乘客等。由于解放前太古往来的船只众多，这笔保险生意是很稳的。解放后的保险部，业务大大减少，只做小量的水险业务。

（丁）太古车糖公司：能月产30吨。正常开工时，雇佣男工16人，女工21人。过去太古车糖销路极广。抗日胜利后，受台湾糖的影响，已减少得很多。解放前几个月停工。解放后曾遣散全部职工。目前厂内尚留有高级职员1人，男工3人看守。

资方及高级职员：

据公司自报，太古的外籍及高级职员公布如下：

	太古	太古轮船	蓝烟囱	太贸	永光	太古车糖	共计
外籍经理一级	4	3	2	—	1	—	10
华籍经理一级	2	2	1	2	2	1	10
外籍职员	12	0	3	—	—	—	15

（甲）外籍职员，根据该公司“高级职员名单”共有 29 人，其中外籍 22 人、华籍 7 人。外籍高级职员，除了 4 人是女秘书外，其他都是担任各部的部长、主任及经理等。他们的国籍，据职工反映，除了女性秘书中可能有一两个苏联人外，其他都是英国人，而以总经理为首的苏格兰人占多数。他们一般在中国都工作了很久，有好几个可以说得上是中国通。如会计部的 A. E. V. Brown 等。总经理蒲乃武（J. A. Blackwood）很保守，较稳健。他是太古上海各公司的最高负责人，也就是太古中国各公司的最高负责人。各公司的厂长、部长等，都无实权，凡事都得向他请示。人事部长 W. E. Price，总管上海 6 个分公司的人事，为人狡猾，与工会谈判都由他代表。

资方目前似乎仍采取观望的态度，对前途并不是很悲观。例如太古各部的生意极少，有些已处于停业状态，但资方仍维持庞大的机构，甚至沿长江 19 个分公司的机构均仍保留，似对恢复内河航权尚存有希望与野心。据职工反映，外籍职员对我在困难时期还埋头建设，表示钦佩，但认为“反美亲苏”实在“伤脑筋”。

外籍高级职员薪金以英镑计算，具体数字则保守秘密。

（乙）华籍高级职员有 7 人，薪金也是与外籍职员同样算法。他们的职务是助理外籍主任、部长等。解放后都加上了“襄理”的头衔，以免被人称为“买办”。这些职员因为薪水高，和外籍职员接近，故和一般职工很隔膜。从职工中听到了什么，就很快地反映给资方，以示献媚。朝鲜战争发生后，喜谈“美国之音”消息。工会准备出黑板报，用报章资料教育他们。

所有21个外籍和7个华籍高级职员都不加入工会。

公司和政府各机关交涉时，大都由人事部韦金敬出面，此人本来负责船务部客票的工作。

一般职工及劳资关系：

据公司自报6个公司职工公布情形如下：

	职员	工人	临时工	共计
太古公司	113	13	—	126
太古轮船公司	37	439	—	476
蓝烟囱公司	66	400	50	466
太贸公司	3	—	—	3
永光油漆公司	27	81	—	108
太古车糖公司	3	—	—	3

上面数字与职工反映的差不多。他们都参加海员工会，组织太古委员会。

解放后，1949年6月中旬的发薪日，劳方因以前计薪办法不合理，要求调整。经一星期余的谈判，毫无结果。后由外事处及总工会私企部召集劳资双方商谈，成立协议书决定：

1. 每元底薪按4.8升米计（后改2.2折实单位）

2. 每人另给相等于4斗米的米贴（后改28.5单位）

3. 底薪适当调整，50元以下者加15元。逐渐递减。100元以上者，只加5元。

此项决议尚维持至今。以后则未发生劳资纠纷。该公司一般职工的底薪以70元最多。100元以下的，占70%以上，250元以上的，只有五六人。全部职工薪金总数，每月约人民币10亿元。

(1950年11月)[①]

在中共的挤压政策下，从1954年的9月开始，太古集团开始与中共进行了为期3个月共12次转让谈判。中共派出的代表是思维敏捷的重要官员何金贵，即中国远洋航运公司(COSA)的重要官员，受命于中国的工商局和外事局。太古集团派出的代表是口齿伶俐的约翰·马奇先生，受命于香港和太古集团伦敦总部。1954年9月9日的第一次会谈则在双方都极为关心的资产和债务问题上发生了争执。马奇估价称其资产总额在150万英镑以上，而其债务则略低于20万英镑，其债务与资产比例为1∶10，债务远远低于资产，应返还剩余资产归太古，然后中国政府胜利地一次性完成这次普通的商业清算。而何金贵则完全不同意马奇的说法。他提出强烈的异议，表示太古集团的设备房屋等久未修缮，大部分资产也破旧不堪，若我方继续投入使用，则需投入大量后续修理费用，并且其所欠债务巨大，包括未支付的职工工资、退休金等逐日积累，表示其“财产有限，而债务无限”。但中方欲帮其摆托困难，愿以资产抵消债务的方式帮助其清退。双方针对产生的分歧争执不下。

21天之后，双方再次会面，开展了第二次会谈，双方代表

① 上海市档案馆、财政部财政科学研究所编:《上海外商档案史料汇编》(七)，1987年内部整理编辑，第74—82页。

再次会面谈判。马奇表示太古集团愿意卖掉公司的可动资产，用英镑记入，并用此来偿清因为公司破产而产生的各类费用。中方代表何金贵也寸步不让，再次强调：接受太古这一沉重负担可能会给中国财政造成无与伦比的压力，因为，太古的现状确实是一个令人棘手的烂摊子。对马奇先生提出的用英镑来记债的方式表示极其反感，指责其只幻想一些理论上的数字并没有一点帮助。何金贵越是激将马奇，马奇愈是拿些看似合理的理由来搪塞、反攻。双方争执中主要围绕三个焦点：资产、债务、记账方式。

就这样，随之进行了第三次会谈，马奇表示即将倒闭的太古已无力承担税收，为使公司债务不再积累，中国政府须支付欠款，就像支付所欠工人的工资一样，接收太古就要“一揽子”包下来。包括其所有的资产与债务。何则保持坚定的立场，税款中方不会承担，在所欠税款还清之后方可离开；在这次的谈判中，马奇在其他边缘性问题上已经做出让步，表达太古不想在中国逗留太久，无限逗留的结局只能是债务的无限增加。他表示中方也应表示对其“大度”的回馈，可以在接纳其债务上柔和一点，何再次表达了立场：拒绝。作为外交官的婉转，他答应马奇在接下来将分配1亿元人民币（旧币）(1955年3月1日之前使用人民币旧币，之后便开始使用人民币新币，新币1元等于旧币1万元。此处分配旧币1亿元=新币1万元。作为大国与大国之间的交易，很明显答应分派的1亿元人民币是用来象征性地支付其倒闭的费用）帮助其救急。

第五次会谈开始时，气氛非常凝重，双方争执不下，并产生了很大的分歧。马奇表示，就像第三次会谈的主题一样，他觉得中国政府在接受太古资产的同时，必须接收其债务，其中自然而然包括应支付员工的工资是极其正常不过的事情。而何则表示中方的观点，太古方面在中国剥削80年所积累的资金全部装入自己腰包，最后竟想不顾其欠款逃之夭夭，撒手不管，留下伤痕累累的旧战场让中方收拾残局，这算盘未免打得也太响。因此，必须还清欠款方可出境。本次交谈非常不愉快，在根本性问题上始终未达成一致意见。在局面僵持不下的情况下，马奇派太古方面的另一位中国代表与何同志进行了一次非正式的谈话，向其转达英方的观点，并试探中方内部的态度。何并未一吐为快，而是没有掺杂个人思想地表达了官方的意见，虽然太古方面摸不着头脑，但是通过本次的交谈气氛稍有缓和。双方展开了一场抠字眼的有意思的较量。何提出疑议，反问马奇先生，协议中讲到“将人民政府统辖区域内的财产转交给中国”，为什么要用这样的提法？马奇回答说，这很明显，不包括台湾。何坚持讲，台湾自古以来就是中国的领土，因此在这里的财产必须要包含进来。马奇讽刺道，你是不是也想将香港乃至英国总部的财产纳为己有？何义正词严道，请您不要模糊两类性质不同的问题，香港与台湾性质不同，台湾是中国领土的一部分这是公认的事实。最终他们在协议上含糊其词地用“在中国的所有资产”以代替“中国政府所辖区的财产”。马奇在交谈中总是以一种怀疑、猜忌政府的口吻，这是对谈判不利的，第六次会谈针对太古财产的所有权展开了辩论。马奇对中国政府所谓的“资产所有权”调查表示担心，他们不相信中国政府进行公平的判断，表面上的资产重估只不过是给太古强加的一宗罪，用重估结果中的未支付部分对其进行重罚，何表示，如果太古资产都是光明正大、来自正当渠道，就不应害怕所谓的资产重估以及所有权鉴定，既然这么害怕被调查，当中的猫腻就不辨自明了。他坚持用政府的客观公正立场尽力向马奇说明，但是马奇的有色眼镜并不是很容易就被摘掉，对中国的新政府极其不信任。就这样，空气中同样弥漫着不信任开始了第七次会谈，首先马奇用形象描述公司现状的方式开始了对何的批评，并表示自己的沮丧。马奇说，我们已经将所有的可动产和非可动产都给了你们，从大到小，一切的一切；我们也并没有为一辆车、一条船、一个计算器等的价值而斤斤计较，而你们却像一个解放前的老掌柜一样，就鸡毛蒜皮的零部件喋喋不休。我们太古不可能一直从总部汇款来满足你们贪得无厌的欲望，因为公司在海外的境况也遭遇了艰难的困境。所以尽快解决太古集团的债务问题是恰当的解决方式。何则表示，他并不介意谈判立即结束或者重新开始，他们什么时候结束与我们无关，在中国经营就必须遵守中国的法令，在你们无法经营的此时，我们是想帮助你们，而你们却毫不领情，对于所欠债务推三阻四，是你们更像一个解放前的大掌柜。谈判中围绕敏感问题而产生的矛盾屡次重演，如：马奇仍旧表达“债务远远小于他们的资产”，何则表示“别再说那些毫无价值的数字，否则终止谈判”。何表示“中国方面愿意支付太古对员工所欠的工资，以帮助其渡过难关”；而英方则表示“这其中必须包括老年人的退休工资和生病工人的医疗费用”。始终围绕税收所欠债务与员工医疗费用等问题僵持不下。出人意料的是，在12月6日的第八次会谈中出现一丝转机。中国政府表示负责太古公司的税务债务，至于其他方面的欠款，中方不做表示；马奇心里盘算，这意味着从海外继续汇入 12.68 亿元的人民币来填补，这将是不可能的，最多可汇入 5 亿元；何同意了太古方面的答复，不再强求之前考虑过的 10 亿元，就汇入 5 亿元人民币达成共识。之后的 4 次会谈显得较为轻松，双方重申了一些细节，总的来说，中方赢了，尤其在员工方面。

就这样，完成了 12 次谈判之后，双方正式交接了。在华东局的主持下，委派上海军管人员驻扎，关注其生产动态。太古上海所属公司的所有财产，包括其中的动产、不动产均交中央人民政府所有，变成人民的共同财产，直接转变为国营。由上海方面付清太古公司之前未缴的税款，其他方面的欠款，太古总部汇入 5 亿元人民币以示补偿。按照中国的法律，外籍管理人在清理一切债务之后即可回国。这样，太古集团在大陆 82 年之久的历程宣告结束。①

1954 年 12 月，在社会主义改造浪潮中，中国政府成功实现了对太古公司的对接转让。当时太古股份有限公司有职工 144 人，资产估值为 180 亿元；太古轮船股份有限公司职工人数为 481 人，资产估值为 538 亿元；太贸股份有限公司有职工 5 人，资产估值不详；太古车糖股份有限公司有职工 4 人，资产估值为 8 亿元；整个转让系全国范围，财产根据该公司 1949 年外币投保额折合人民币共计 1551 亿元。②

鉴定转让契约的双方为：转让财产的英国太古公司（洋

① 谈判细节转引自张文婧：《中共对英资在华企业的改造（1959—1956）——以太古集团为例》，中央党校硕士论文。

② 上海市档案馆、财政部财政科学研究所编：《上海外商档案史料汇编》(一)，1987 年内部整理编辑，第 323 页。

行）的太古（中国）轮船有限公司，太古贸易有限公司和太古精糖公司；接收这些财产的中国海洋航运公司的代表上海分公司。

有鉴于他们（英方）急于对其在华的各种组织类型的资产进行清算，所以现在 the British Firms Messers&Swire，太古轮船公司，太古贸易有限公司和太古精糖公司（以下称甲方）董事会决定转让其在华资产，并任命约翰·马奇先生为驻上海的总负责人，代表公司全权负责实施转交公司所有财产给中国海洋航运公司上海分公司（以下称乙方），双方议定转让和接收条款及条件如下：

一、甲方禀其自由意志，准备把其在上海、宁波、天津、牛庄、安东、大冶、厦门、汕头、广州、南京、芜湖、九江、汉口、长沙、湘潭、沙市、宜昌、重庆及任何其他地方的所有财产设施转让给乙方，财产包括：

（1）所有办公楼、工厂、仓库、住宅、居住区、商店及所在土地（所有建筑的地基及上述所列之外的属于中华人民共和国的土地）。

（2）所有建筑物内外的附属建筑、设备、装备、办公设备等。

（3）所有码头、趸船、废船、小艇、灯具、挖泥机和其他漂浮设备及其附属设备。

（4）所有机械设备、机器附件和零件、仪器、交通工具、原材料等。

（5）所有现金及银行存款。

（6）所有投资及债权。

（说明：

（1）上述财产之清单应该作为协议之细目表。所有甲方遗漏之财产及清单中未列之财产也应在转交之列。

（2）所有相关地契、文件、图表及其他有关资料也应由甲方转交给乙方。）

二、乙方同意、接收甲方在条款（1）中所列所有财产，并且承担下列甲方在华之负债（义务及借款）：

（1）有关现存职工的任何义务；

（2）解放前任何外币借款；

（3）任何交接时未缴之税款；

（4）金融及税收条例所带来的任何税收义务，罚金和借款利息（欠款费用）；

（5）由敌人和傀儡政权征用财产所带来的有关义务；

（6）甲方详细说明乙方表示接收的其他负债（义务和债务）。

（说明：在条款（2）和（6）中所列的有关借款的财务报表应作为协议的附件。财务报表中未列之借款乙方不予承担。）

三、协议经双方同意并签字后，甲方应向上海工商行政管理局申请检验和批准，连同甲方给马奇的信，及财产的所有证明文件，提交给上海人民法院验证。一旦这些资料得到确认，协议即告生效。上海以外的其他地区由甲方单独向当地主管机关提出申请。

四、双方同意协议生效一个月内完成所有交接程序。乙方将委托合适的单位在上海以外的其他地区接收财产，甲方应对正确移交负责。

五、各地财产交接完成以后，双方同意乙方将对甲方的现有职工负（有一切）责任。上海以外各地的甲方职工由乙方委托的适当单位负责。

六、协议一式四份，甲乙双方各持一份，其他两份分别移交给工商行政管理局进行检查和批准，另一份由上海市人民法院据以核实。

有双方签字盖印为据，上海 1954 年 12 月 15 日。

证人：上海工商联合会、中国海员工会、华东地区委员会。

甲方：英国公司全权代表：太古中国轮船有限公司，太古精糖有限公司。

乙方：中国海洋航运公司授权全权代表：上海分公司。①

契约的签订，正式标志着中国政府通过对价转让方式完成了对太古公司的改造。转让是一种自愿的、商业性的行为，通过转让，中国政府以不大的代价就彻底解决了太古的所有权问题，消除了日后引起外交交涉的可能。

六、改造过程中的清估工作

军管、征用、代管的方式虽然处理迅速、主动，但形式上较为紧张。它不同于全面改造（1953 年 6 月至 20 世纪 60 年代）阶段中国党和政府对外资企业采取的自愿的、商业性的转让手

① 谢艾伦：《被监押的帝国主义：英法在华企业的命运》，中国社会科学出版社 2004 年版，第 164—166 页。

段。转让方式是商业市场行为，它以不大的代价彻底解决了企业的所有权问题，消除了日后引起外交交涉的可能。而以军管、征用、代管等这些行政方式处理的外资企业在法律上不能算已经解决了企业的所有权，他们将来可能提出归还或补偿的要求，通过外交途径和新中国交涉。因此中国党和政府必须准备一套原企业资产和负债数字的完整资料，供交涉之用。这就是外资改造工作过程中的“清估”。“对外清估”必须与“对内清估”严格区别，掌握合法合理，有凭有据的精神，设法缩小资产，扩大负债。①

1951年7月31日，中央人民政府政务院财政经济委员会发布《关于国营企业资产清理及估计暂行办法》规定全国国营企业必须对截至1951年6月底的实有资产，全部进行清理，并以人民币为计算单位，重新进行估价。要求全国国营企业将全部资产与负债，根据1951年年底的实有数字编造清册，先由各该企业单位的仓库主任、会计主任、部门首长负责签字，再由各级主管核资委员会逐级审核汇编，并负责签字后，层报全国核资委员会。但是，对于经国有企事业单位依法征用或代管的外国在华财产没有发文进行相关规定，如这些财产的所有权到底归谁，资产如何进行清理估价等等。为此，1952年7月17日，中央人民政府政务院财政经济委员会专门发布了《关于使用经我征用或代管的外国财产的指示》，规定所有征用和代管的外国财产，统一归中央人民政府财政部掌握。征用或代管的外国财

① 上海市档案馆、财政部财政科学研究所编：《上海外商档案史料汇编》(一)，1987年内部整理编辑，第383页。

产，如仍作为一个单独企业经营者，应按国、公营企业经营管理原则办理，并建立新的会计制度与资金账。所有清理估价工作，都依照 1951 年 7 月 31 日中央人民政府政务院财政经济委员会发布《关于国营企业资产清理及估计暂行办法》进行办理。其资金账上应注明“征用（或代管）外国财产”字样，以别于我方继续拨入之资金。清理估价的结果要分报当地征用或代管外国财产的主管机关、大行政区财政经济委员会、政务院财政经济委员会和中央财政部备案。但实际处理中，各企业清产核算事先没有统一原则，情况颇为紊乱。比如以不同方式清理的外商企业财产如何入账？财产如何分离清算等问题。正如 1953 年 4 月 28 日，中财委指出的：清理估价通知自 1952 年 7 月 17 日发布，“惟时逾半载，大部分地区尚未查报”。[①]

1953 年 10 月 8 日，上海市外事处针对现实中的问题，“建议中央财政部通盘考虑从速拟订统一具体办法，并指定一定机关专责办理。中央财政部并应经常督促帮助其执行。负责时间愈久，财产变动愈大，恐将更难以清理”。[②] 清估分为对内清估和对外清估。对外清估限于以征购、征用、管制、占用、代管等行政方式处理的资本主义国家旧企业。1954 年 2 月，上海市政府外事处发布《关于企业对外清估工作中注意事项的通知》，强调对外清估要注意保密，应有企业主管部门选择政治

---

① 上海市档案馆、财政部财政科学研究所编：《上海外商档案史料汇编》（一），1987 年内部整理编辑，第 88 页。

② 上海市档案馆、财政部财政科学研究所编：《上海外商档案史料汇编》（一），1987 年内部整理编辑，第 94 页。

上可靠人员进行，清估工作一律按国别制作清册，一户一册，最后汇成全面的分国别、行业的综合性总清册。对外清估必须本着掌握合法合理、有凭有据的精神，设法缩小资产，扩大负债。对外清估应注意分析负债，负债项目要特别清楚，包括欠税、贷款、逃套汇、债券、敌逆产以及各种罚款和滞纳金等等。

实际上，清理估计工作虽然中央一再强调，但是各地这些工作还是存在问题和困惑。如对外清估究竟是以外国人账面财产为依据还是以接管时的移交清册为依据？人民币账册是以1949年8月31日的外币牌价，即“八底数字”为基础还是以接管时的外币牌价为基础？资产折旧的标准是以外商自己账面记载的为标准还是以税务局计算税收时核定的标准为标准？解放后外商企业新增加的固定资产有一部分是修理和保养性质的资本，不增加原资本的新价值，这一部分能否从总资产中剔除？战前外商发行的公司债股票如何登记计算？等等。为此，1954年3月27日，中央人民政府政务院财政经济委员会颁布《关于经我接管使用的外国企业及公私房地产清理估价的规定》，规定再次强调各接管使用外国企业财产的企业单位必须依照1951年7月31日中央人民政府政务院财政经济委员会发布的《关于国营企业资产清理及估计暂行办法》进行清理估价，估价时将接管使用时的价值和重置的完全价值并列列出，对商誉、商标权、专利权等无形财产一律不予估价，只注明其性质及原账上的价格。外国企业财产清理估价后，应由接管使用单位依照《国营企业资金核定暂行办法》办理核定资金，并将清理估价的外国企业财产目录和估价表及原有产权、股权、债权及债务等项的清单，分报政务院财经委员会、中央财政部、外交部备案。清理估价后的外国企业财产的价值，应由接管使用单位作为“国家资金”入账并作为该单位的财产自行调度使用，如财产有不适于接管单位经营生产需要者，接管单位要上报给主管企业部门，再由主管企业部门在其辖区内调度使用，如主管企业部门也不能调度使用者，应由主管企业部门上报给政务院财经委员会研究处理。该规定特别强调，此项清理和估价，系作为我政府内部掌握之用，对外仍以接管财产时的清册为准。[①]

在接到政务院财经委员会关于清理估计的通知后，1954 年 6 月 25 日，上海市财政局等单位召开了清理估价工作的会议，要求多部门联动配合共同贯彻好政务院关于清理估价工作的指示，外事处负责确定清理估价的对象，财政局负责对各部门进行监督，各主管部门负责领导督促所属单位进行清估。清理估价工作本着“谁接管谁负责，谁使用谁清估”“估价由使用单位负责，清理汇总由接管单位负责”的原则，力求做到“不漏报、不重复”。1954 年 12 月 27 日，中华人民共和国外交部发布《关于清估工作中几个问题的意见》，针对“企业账面数字如对我不太有利，是否可由我根据其资产情况，进行重估?”问题做出指示，强调仍应尽可能使用原账面材料，如非十分必要，应避免重估。因为中方单方面的重估价值，外人不易接受，反而会引

---

① 上海市档案馆、财政部财政科学研究所编：《上海外商档案史料汇编》(一)，1987 年内部整理编辑，第 250 页。

起外人重估资产的要求。如果企业账面资产数字不止一种，可采用接管前一日数字，同时将对我最有利的一种也列为参考。

为了更好地贯彻政务院、外交部关于清估工作的指示，上海市成立了对外清估工作委员会，对工作的准备、布置及展开做了部署。但他们在实践工作中，也遇到好多棘手的问题，如由于企业资料收集不全导致资产与负债清估难以做到周全。如 1955 年对美孚公司的清估，由于广州地区和天津地区清估资料没有收齐，所以 1955 年 10 月的清估单上不包括广州和天津地区的数字。正因如此，上海市对外清估工作委员会在 1955 年 1 月向中央对外清估工作委员会建议：中央通知各地应即整理各清估企业之全部档案，以备将来交涉时研究参考之用。除已处理企业及房地产的清估外，我们建议中央通知各地搜集外国政府、外商、外侨的其他已经存在或可能发现的债务，如外商人寿保险公司之战前保险赔款等，以便将来交涉时使用。[①] 1955 年 2 月 11 日，外交部回复上海市对外清估工作委员会，肯定了上海市的若干做法，并特别强调：各地应注意，对档案应妥为保管，具体办法另候中央指示。关于搜集外国政府、外商（包括已歇业但并无资产的企业）、外侨的其他债务问题，各地可将已经存在或可能发现的对我政府或企业的负债材料（如未经我豁免的欠税）报来。[②] 所以，今后对外清估的重心就在于尽最

① 上海市档案馆、财政部财政科学研究所编：《上海外商档案史料汇编》(一)，1987 年内部整理编辑，第 288 页。

② 上海市档案馆、财政部财政科学研究所编：《上海外商档案史料汇编》(一)，1987 年内部整理编辑，第 364 页。

大可能搜集外商的档案资料，按照 1949 年 8 月 31 日的外汇牌价清算其资产，避免重复估算，剔除不合理的成分，设法缩小其资产，同时按照接管日外汇牌价编制第二套对外清估资产数字，以作备案。另外，制定其股权、债务清单，千方百计扩大其负债。

上海市外商企业对外清估工作自 1954 年冬季开始，至 1956 年年初结束。共清估 45 家，其中英国 11 家，美国 29 家，法国 3 家，瑞士 1 家，瑞典 1 家。这些企业的实际价值（按对内清估数字统计）共约值人民币 5.7 亿元，其中英商 11 家，共值人民币154911564元；美商 29 家，共值人民币 346566706 元；法商 3 家，共值人民币 67934530 元。[①] 对外清估的结果，不论是以 1949 年 8 月 31 日的外汇牌价为基础的清估数字，还是以接管日的外汇牌价为基础的清估数字，各国外商的负债总数都超过资产总数。其中英商清估的结果是负债大于资产 10211036 元（第一种清估数字）和负债大于资产 2457027 元（第二种清估数字）；美商清估负债大于资产分别是 1329014 元和34733849元；法商清估负债大于资产分别是 649064 元和 5637015 元。[②] 以下是 1956 年上海市政府外事处对美商企业清估的两项数据：

---

① 上海市档案馆、财政部财政科学研究所编：《上海外商档案史料汇编》(二)，1987 年内部整理编辑，第 2 页。

② 上海市档案馆、财政部财政科学研究所编：《上海外商档案史料汇编》(二)，1987 年内部整理编辑，第 2 页。

1956年9月上海市人民政府外事处编制已歇业美商企业积欠国家税款统计表①

行业	企业名称	税款种类	期别	欠税金额	滞纳金			
					起算滞纳金日期	滞纳天数	滞纳金率	金额
饭馆	喜临门酒家	滞纳金	1954/3/6 1954/3/31	2198.47				
饭馆	喜临门酒家	滞纳金	1954/4/16 1954/6/30	2235.90				
饭馆	喜临门酒家	滞纳金	1954/7/6 1954/8/5	576.94				
贸易	美隆洋行	营业税 所得税		19339.77 90963.07	1953/5/27 1953/5/27		0.5% 0.5%	
贸易	海京洋行	罚金 罚金	1950 1950	2785.74 775.00				
银行	花旗银行	滞纳金	1951/1/26 1956/4/8	5422377.90	正税已缴，当时内部考虑不计滞纳金，但对外未宣布不计，故仍将已算好的数字统计如左，是否运用待决定。			
合计				5541225.79				

---

① 上海市档案馆、财政部财政科学研究所编：《上海外商档案史料汇编》（三），1987年内部整理编辑，第710页。

1956 年 6 月上海市人民政府外事处编制美商企业未清偿银行贷款明细表①

国籍	企业名称	贷款日期	贷款银行名称	贷款种类	贷款金额	折合新人民币金额	利息	未清偿原因
美	南京合众汽车贸易行	1937 年 8 月 30 日结欠	南京新华银行	解放前透支	伪法币 6609.03	8261.29		
美	M. A. MENDELSON	1934 年 9 月 30 日结欠	中华懋业银行	解放前放款	银两 3719.90	65471.94		
美	P. SERRAJIN&CO	1934 年 9 月 30 日结欠	中华懋业银行	解放前透支	银两 364.90			
美	RUSSO ASIATIC BANK	1934 年 9 月 30 日结欠	中华懋业银行	解放前透支	银两 33365.15			

① 上海市档案馆、财政部财政科学研究所编：《上海外商档案史料汇编》（三），1987 年内部整理编辑，第 711—712 页。

（续表）

国籍	企业名称	贷款日期	贷款银行名称	贷款种类	贷款金额	折合新人民币金额	利息	未清偿原因
美	M. A. MENDELSON	1938 年 1 月 28 日	中华懋业银行	解放前放款	伪法币 6.80	6.49		
美	NEW MILL（1936）LTD	1939 年转入坏账	华侨银行	解放前放款	伪法币 5888.66	40384.67		
美	UNION MOTORS	1939 年转入坏账	华侨银行	解放前放款	伪法币 52020.95			
美	C. P. GABBOTT	1939 年转入坏账	华侨银行	解放前放款	伪法币 2225.18			
美	AMERICAN ORIENTAL BKG. CORP	1939 年转入坏账	华侨银行	解放前放款	伪法币 10952.47			

（续表）

国籍	企业名称	贷款日期	贷款银行名称	贷款种类	贷款金额	折合新人民币金额	利息	未清偿原因
美	钜美洋行	抗战前	前中国银行国外部	催收款项	伪法币 486747.85	608434.81		
美	中华汇业银行	1933年4月19日	前中国银行上海分行	催收款项	伪法币 3852.74	3565.92		
	解放前各项原币及人民币贷款共计					￥726125.12	（算到1954年3月22日止）	
美	慎倡洋行		前交通银行	解放前活存透支	美金 20000.00 美金 20000.00		前锡行保付伪建委会期票抵借，借款人非被保证人伪建委会付款，无法清理。	
美	天津吉时洋行		前天津汇丰银行			6329.61		
	解放前各项贷款总计					美金 40000.00 ￥732454.73		

20 世纪 60 年代末 70 年代初，美苏争霸活动受到越来越多国家的抵制，两大阵营经济体系趋向解体。新中国逐渐打开与西方国家的外交关系。1971 年 10 月，中国在联合国的合法席位得到恢复，到 1973 年，我国同除美国以外的发达资本主义国家都建立了外交关系。中美关系随着 1972 年尼克松的访华也得到缓和。这些变化为新中国扩大对资本主义国家经济关系创造了有利条件。与此同时，以毛泽东为首的中央领导层也在开始批判和纠正“文革”初期的极“左”思潮。1972 年 2 月，毛泽东在会见美国总统尼克松时说，“你们要搞人员往来这些事，要搞点小生意，我们就死也不肯”“后来发现还是你们对，所以就打乒乓球”。[①] 他强调说：“无论怎么样，这些西方资本主义国家是创造了文化，创造了科学，创造了工业。现在我们第三世界可以利用他们的科学、工业、文化——包括语言——的好的部分。”[②] 在国际国内背景趋于缓和的背景下，中共领导层认识到“和资本主义打交道是大势已定”[③]。

随着中美关系开始解冻，1972 年 7 月 28 日，美方提出了解决中美两国私人被冻结的资产问题。美方提交了在华私人资产详细清单，共计 383 项，分公司企业、宗教团体和其他非营利性组织、个人、其他商业团体四大类，包括企业、房产、设备、土地、证券、投资、货物、库存、债券、抵押、银行存款、现

① 毛泽东：《毛泽东外交文选》，中央文献出版社、世界知识出版社 1994 年版，第 595 页。

② 转引自武力主编：《中华人民共和国经济史》（1949—1999），上册，中国经济出版社 1999 年版，第 716 页。

③ 陈云：《陈云文选》第 3 卷，人民出版社 1995 年版，第 218—219 页。

金等项财产，总价值 19600 余万美元。[①] 但是，中国有关各部门对美方掌握的档案资料不甚完整，又加上“文革”期间机构调整合并、人员调整，清查任务就显得繁重而被动。虽然外交部、财政部、对外贸易部三部于 1972 年 10 月 12 日联合发文希望各地重视对美在华冻结资产的清查，强调这是贯彻执行我党中央对美方针政策的一个具体行动。但是各地存在问题诸多。如中国银行上海分行革委会就指出：关于我有关部门军管、接管、代管、征用美在沪企业的资产，我们没有掌握全面的资料。[②] 另外，由于有关人员多已星散，账册亦都销毁，如彻底清查，须组织一定力量进行。[③] 到 1972 年 11 月 7 日，外交部在发出关于请协助查对、复核美国在华私人资产（个人财产部分）的通知中仍指出：美方交来的美国在华私人资产清单（个人财产部分）共 253 起，358 人，索赔额 14182724 美元。我们根据手头掌握的档案资料初步进行逐户查对，共查处 66 起，111 人。美方交来的美国在华私人资产清单（个人财产部分）尚有 187 起，247 人未查出，现亦按“起数”整理印发各地，请按上述要求逐户逐项查对填报，材料务求详尽、精确。[④] 1972 年 11 月 20 日，外交部在《有关美国向我提出索赔的 44 家企业及 6 家“商业团

---

① 上海市档案馆、财政部财政科学研究所编：《上海外商档案史料汇编》（二），1987 年内部整理编辑，第 345 页。

② 上海市档案馆、财政部财政科学研究所编：《上海外商档案史料汇编》（二），1987 年内部整理编辑，第 354 页。

③ 上海市档案馆、财政部财政科学研究所编：《上海外商档案史料汇编》（二），1987 年内部整理编辑，第 354 页。

④ 上海市档案馆、财政部财政科学研究所编：《上海外商档案史料汇编》（二），1987 年内部整理编辑，第 361 页。

体”的资产、负债清查、复核问题的通知》中指出：美国向我提出索赔的44家“企业”（美方索赔案列为42个号码）的“总资产”，共计美金120602892元，占美方总索赔额的61.2%。做好这44家企业的清查复核工作对于搞好中美关系至关重要。但是通知指出，上述44家美资企业中，16家在1955年由有关各地列为清估对象并编制了清估资料；18家各地曾报过处理情况或房地产资料；其余10家有的虽查出中文名称但不知其资产下落；有的未查出中文名称。[①] 美国提出索赔的6家“商业团体”索赔额共计1394170元，但是中方能查明其中文名称及财产下落的仅2家，其余4家情况不详。为此，外交部要求各地抓紧清查工作，完成一家上报一家。特别是上海，任务较重，要组织人力突击完成。同时，对美方尚未提出的其他美资企业和商业团体的资产、负债进行清查复核，以便日后中美接触中陷入被动。

1972年11月25日，外交部发出关于进一步核实美国在华公司企业的资产、负债问题的通知。指出根据1955年各地上报的对外清估资料，有些问题尚不够落实，有待各地进一步核实研究和说明。并专门将已核实的美国13家公司企业存在的问题寄到各地复核。比如江苏地产公司原资本分为16000股，其中华籍股22.5股，股金889402元。1955年的对外清估资料中，将此金额作为企业负债数计算，但缺少有关华籍股的说明或根据。[②]所以

① 上海市档案馆、财政部财政科学研究所编：《上海外商档案史料汇编》（二），1987年内部整理编辑，第398页。

② 上海市档案馆、财政部财政科学研究所编：《上海外商档案史料汇编》（二），1987年内部整理编辑，第450页。

诸如此类缺陷的资料需要复核完善。清估的总原则早在 1954 年中财委、外交部就已经发出指示，即“合法合理，有凭有据”，“设法缩小其资产，扩大其负债”，以便在对外斗争中处于有理有利的地位。具体清估办法是以原企业的账面外币原值，按接管日外汇牌价计算其资产及负债，作为清估的基础。但这一方法在实践中也遇到了对中方不利的情形，其一就是接管日的外汇牌价比现牌价高，这就对我不利。其二就是军管后的企业利润有所增加，如果还是以接管日的资产负债为清估基础，这些增加的利润如何处理。如上电、上话接管日（即军管日）的外汇牌价为 2.736 元，比现牌价（2.22 元）高出 25%，如按美方索赔额，此两户资产的人民币折合数即增加 3000 万元。[①] 这就对中方大大不利。针对这些问题，外交部都做出了指导和部署。比如；同意固定资产可以用军管前后的原企业账面美金数字，流动资产可用接管时的企业账面数字，作为清估的基础。[②] 1973 年 1 月 8 日外交部发布《关于核实美国原在华企业资产、负债中一些原则问题的掌握意见的通知》，指出了十条总体和具体的建议，对清估企业的产权契证、解雇金、公司债、保证金、军管期间的利润、冻结存款的利息、股息、征购价、债权债务和解放前虚增资本问题进行了规定。有的原则比较坚定，如第一条指出，凡已为我征用、代管、军管的原美资企业房地产，如有类似假借中国人名义非法取得产业的严重突出的产权契证问

① 上海市档案馆、财政部财政科学研究所编：《上海外商档案史料汇编》(二)，1987 年内部整理编辑，第 452 页。

② 上海市档案馆、财政部财政科学研究所编：《上海外商档案史料汇编》(二)，1987 年内部整理编辑，第 460 页。

题，应予追究，不予补偿，并根据原企业的账面价值，将其从固定资产中剔除。第六条规定：1952年中国人民银行总行鉴于美方对我在美被冻结存款不给利息，通知各地分行对冻结的美国在华公司存款也暂不给利息。如清估时有存款利息部分，将从其账面资产中剔除，不予承认。当然，本着中美关系改善的出发点，有些规定比原来的规定要灵活。如原来清估中强调由中方征用、代管、军管、接管的外资企业原雇用的中国职工退职金，应由原企业负担。现第二条规定解雇金可不提，把其降为"后备负债"。另外原清估中将企业军管期间的利润从其资产中剔除问题，现第五条规定"可不必从其资产中剔除"。[①] 各地近一年的复核清估，对美资产清估工作取得了一定进展。例如在复核过程中发现美方索赔数有不少是虚假的、不合法的、不合理的。比如哈克生汽车公司，美方提出索赔16.9万美元，经核实该公司的资产应为5.7万美元，其中剔除的有：外人经理在国外支款计5.6万美元，资本家哈克生在国外投资近1万美元，房屋只计残值，应除去3.7万美元，还有些在途商品，在港没有到沪，等等。[②]

到1973年清估结束，查实目前尚冻存在我银行账面的存款有227户，本金1130000美元，利息220000美元以及尚寄存在我银行的冻结保管品有103户。上述存款和保管品，绝大部分系过去在华的美商企业和个人所有。通过这一次对原在华美商

① 上海市档案馆、财政部财政科学研究所编：《上海外商档案史料汇编》(二)，1987年内部整理编辑，第464页。

② 上海市档案馆、财政部财政科学研究所编：《上海外商档案史料汇编》(二)，1987年内部整理编辑，第475页。

企业资负情况的清查和重估，有部分存款和保管品应抵充企业的负债。因此，实际上我方冻结美方的存款和保管品将少于这个数字。① 值得一提的是在清估美在华资产的同时，中方已较详细地整理出我被美方冻结的资产材料。1973 年上海市财政局革委会关于对中美资产清查工作情况的报告中指出：查实被冻资金和被扣物资共计 42900000 美元；9500 英镑；各种股票 760000 股（未估值）和外币债券面额 630000 美元。其中：银行部分被冻结的有：存款 20100000 美元；其他资产 4640000 美元；各种股票 220000 股；外币债券面额 630000 美元；其他单位被冻的有：各种资金 16000000 美元；9500 英镑；贸易物资 990000 美元；个人部分被冻的有：存款和债权 1170000 美元；各种股票 540000 股。② 而且将此详细分类，分为债权明确、凭证较为齐全的，债权明确但凭证已散失或不足的，解放前开出购买证但货物没有进口的三类。

到 1973 年，中美双方就中美两国私人资产问题达成原则谅解。“将采取换文方式，一揽子解决办法，不算细账。”③ 所谓一揽子解决办法，就是中美双方的债权债务，相抵两讫，双方都不再向对方索赔要钱。为此，1973 年 3 月 27 日，外交部、财政部和外贸部三部联合发文通知结束清查中美私人资产。要求清查的档案资料要妥善保管，以备日后所需。清理估价资料一般

① 上海市档案馆、财政部财政科学研究所编：《上海外商档案史料汇编》(二)，1987 年内部整理编辑，第 512 页。

② 上海市档案馆、财政部财政科学研究所编：《上海外商档案史料汇编》(二)，1987 年内部整理编辑，第 511—512 页。

③ 上海市档案馆、财政部财政科学研究所编：《上海外商档案史料汇编》(二)，1987 年内部整理编辑，第 504 页。

包括原企业简况及处理经过，企业的资产和负债三部分。此外，每个资料还有若干附件来具体说明企业资产和负债情况。

接下来，英、法等国的财产清查问题就被提上议事日程。对英、法等国资产清查工作基本上是依照美资清查的精神进行，即“合法合理，有凭有据”，“设法缩小其资产，扩大其负债”，以便在对外斗争中处于有理有利的地位。清查的企业是解放初期军管会下令征用、代管等产权未解决的外商企业。英商企业具体是上海电车公司、上海自来水公司、亚细亚火油公司、电气音乐公司、马勒船厂、绵华线厂、上海煤气公司、英联船厂和隆茂公司等 9 家企业，法商企业具体是东方汇理银行、万国储蓄会和法国电车电灯公司等 3 家。

在 1973 年的清估之前，中英、中法关系都大大得到了改善。1953 年 7 月，朝鲜停战协定签字，远东国际形势趋于缓和，这给中英关系的改善带来了契机。国际形势的缓和增加了英国政府及英商观望等待的希望，因为缓和的亚洲局势有利于英国的经济利益要求。1953 年 3 月，英国商务部的一份报告指出：英国对华禁运损害了英国商界的利益，妨碍了英国商人与其他欧洲商人在中国市场上的竞争。报告为此建议英国政府放松对华贸易管制。① 据当时估计，如果中英关系趋于正常，中英两国年贸易额可达 0.8 亿—1 亿英镑。② 国际形势的缓和加上现实利益的驱动使英国当局逐渐改变了对新中国的外交态度。1953 年 9 月的英国的一次民意测验表明，有 57%的民众赞成联合国接纳

---

① 陶文钊：《中美关系史》（1949—1972），上海人民出版社 1999 年版，第 121 页。

② 《世界知识》1954 年第 17 期，第 12 页。

中国，反对意见只占16%。[①] 是在这样的背景之下，日内瓦会议期间，英国代表团与中国代表团进行了多次接触。经过艰苦谈判，两国外长于1954年6月17日就中英互派外交代表取得了协议并发表联合声明，双方互设代办处。至此，中英之间正式建立了代办级外交关系，标志着中英关系向前迈进了一步。随着国际形势进一步趋于缓和，中英升格大使级的谈判，到1972年3月13日签字生效，两国终于建立了全面外交关系。

与此同时，中法关系也大为改善，并且最终实现了建交。戴高乐在1958年重新执政后，把国防与外交的独立自主作为立国之根本。他退出了北约军事组织，赶走了北约司令部，收回了法国对其海陆空三军的完全指挥权，法国政府不断强调和采取了积极维护民族利益和国家主权的独立自主方针，法美之间的嫌隙与争执不断扩大和增加。在这种情况下，20世纪60年代初，中法两国开始相互接近。戴高乐执行独立自主的外交政策，为法国顶住美国压力打开中法关系大门提供了条件。1963年10月下旬法国政府前总理富尔访华，就中法两国建交的实质性问题展开讨论；1963年12月12日到1964年1月23日，中法两国又在瑞士伯尔尼进行了四次正式谈判，最终达成了建交协议。1964年1月27日格林尼治时间11时，中法两国政府同时发表建交公报，中法建交最终实现。

考虑到国际关系趋于缓和及中英、中法关系改善的需要，20世纪70年代初的再清估相比1955年清估，中方在资料收集

---

① Brian Porter, *Britain and the Rise of ommunist China*, *A study of British Attitudes 1945—1954*, Oxford press, 1967, p. 21.

更为详尽的情况下，好多方面也采取了宽松的清算方式。经过清查核算，9 户英商企业的资产为人民币 2383 万元，比 1955 年清估的资产数字减少了 500 万元，核算的负债为 2357 万元（未包括上海自来水公司的债务），核算结果资产负债基本相抵。3 户法商企业的核算结果是，资产超过负债约人民币 240 万元，但万国储蓄会尚挂欠战前存户的储蓄人民币 2853 万元。[①] 在这次清查过程中，还对发生转让的企业进行了复查和研究，通过收集转让经过、有关依据和资产负债等资料报给外交部，以备谈判时做到有凭有据。上海市清查工作到 1973 年年底暂告一段落。

附：上海市人民政府外事处编制米高梅影片公司对外清理估价资料（1955 年 8 月）[②]：

原企业简况及处理经过

<table>
<tr><td rowspan="2">原企业名称</td><td>中文：米高梅影片公司</td><td>资本额：美金 50000 元</td><td>分 500 股</td><td>每股金额 美金 100 元</td></tr>
<tr><td>原文：METRO-GOLDWYM-MAYER OF CHINA</td><td colspan="3">股东国籍：美籍</td></tr>
<tr><td colspan="5">原企业简况：
原企业于抗战胜利后在上海成立，主要为推销美国米高梅影片，曾计划在上海建造影院，向永新仓库购买南京西路新昌路口土地一方，面积为 3.035 亩（上面有马厩四幢），地籍新成区 23 号 26 圻。在 1946 年年底又买了大华大戏院，直属米高梅影片公司经营。解放后，尤以朝鲜战争爆发后，人民拒演美片，原企业业务乃陷入停顿。1951 年 6 月歇业。在业务停顿后原企业将上海南京西路新昌路口土地租予职工使用，上述土地连同其所属大华大戏院均于 1953 年 4 月 1 日由我宣布代管及征用。地产即移交房地产管理局代管。</td></tr>
</table>

① 上海市档案馆、财政部财政科学研究所编：《上海外商档案史料汇编》（二），1987 年内部整理编辑，第 548 页。

② 上海市档案馆、财政部财政科学研究所编：《上海外商档案史料汇编》（三），1987 年内部整理编辑，第 284—289 页。

（续表）

处理方式：土地代管，房屋征用	处理日期：1953 年 4 月 1 日
处理命令：上海市军事管制委员会（53）沪军办秘二字第 127（一）号	
接管单位：上海市房地产管理局	军事代表：顾仲彝
现在领导单位：	现在企业名称：无
办理移交清册日期：1953 年 4 月	原企业移交人：韦而霍 HARRY WILHOIT
处理后原企业曾否提出交涉及交涉情况：未	

资产

单位：旧人民币元

<table>
<tr><th rowspan="2">资产项目</th><th colspan="2">对外清估数字</th><th colspan="3">参考数字</th></tr>
<tr><th>（一）</th><th>（二）</th><th>对内清估数字</th><th colspan="2">原企业内部外币
资产负债表数字</th></tr>
<tr><td>固定资产余值</td><td colspan="2">200000000</td><td>200000000</td><td>¥4836587697</td><td>—</td></tr>
<tr><td>流动及其他资产价值</td><td colspan="2">—</td><td>—</td><td>—</td><td>—</td></tr>
<tr><td>合计</td><td colspan="2">200000000</td><td>200000000</td><td>¥4836587697</td><td>—</td></tr>
</table>

负债

单位：旧人民币元

负债项目	对外清估数字（一）	对外清估数字（二）
积欠国家税款（即账外“应付所得税”）	823642653	823642653
对职工未了义务（即账面“职工解雇金”）	209053000	209053000
其他负债（即账面“应付未付款”及账外“应付工会经费滞纳金”）	48500100	48500100
合计	1081195753	1081195753

附件一　对外清估负债分析——账面负债明细表

单位：旧人民币元

科目	账面金额	说明	对外清估数字（一）	对外清估数字（二）
职工解雇金	209053000	为歇业时未发清职工之解雇金	209053000	
应付未付款	9315000	为歇业时未缴清之工会经费2%及失业工人救济金1%	9315000	
合计	218368000		218368000	

附件二

说明

（一）原企业在接管时业务早已结束，现决定用其1951年6月18日歇业时的资产负债表作为对外清估的根据。

（二）大华大戏院的房屋原企业歇业日资产负债表上没有数字，但在原企业1950年6月份的账面上载有重估价格为200000000元，当时列入“大华大戏院”科目“地产”项下，估计此项“地产”即为大华的房屋。由于无其他资料可查，暂时只得承认这个重估价值，以上述数字作为对外清估数字（一）及（二）。内估资产数字系大华戏院房屋数字自大华内估表中抽出。报表从略。

（三）原企业在南京西路新昌路口的土地3.035亩，1950年6月账面重估价值为300000000元，估计已包括地面上的四间马厩在内，现无法分清，且马厩并不值钱，同时过去我们在代管时从未提到有马厩四间，故不予计算，说明列作参考。

（四）账面负债之职工解雇金，系原企业歇业时与职工协商的结果，并经上海市劳动局批准。但事后，解雇金分文未付，原企业对职工的解雇金义务尚未了结，故此项义务仍应由原企业承担。

附件三　对外清估负债分析——账外负债积欠国家税款及其他负债明细表

单位：旧人民币元

项目	说明	对外清估数字 （一）　（二）
应　付 所得税	米高梅影片公司欠缴 1950 年所得税 113205580 元，截至接管日 1953 年 3 月 31 日止，所欠税款及应缴滞纳金共计 823624653 元。 计算如下： 1950 年度所得税 113205580 元 至 1952 年 7 月 15 日止滞纳金 573952290 元 （每天按 1%计算） 至 1953 年 3 月 31 日止滞纳金 146035183 元 （每天按 5‰计算） 共计　833193053 元 减 1953 年缴纳税款 9550400 元 （其中，税款 1297600 元，滞纳金 8252800 元） 净欠　823642653 元	823642653 元
应付工 会经费 滞纳金	米高梅影片公司欠缴工会费用 6210000 元之滞纳金，按每天 1%计算，从 1951 年 7 月 8 日至 1953 年 3 月 31 日止滞纳天数为 631 天计算滞纳金。	39185100 元
合计		862827753 元

第二章

英资情况：反复中较量

英国曾是世界上最大的殖民帝国，也是旧中国的最大投资国。据统计，1936 年英国在华企业投资达 11.4180 亿美元，若包括政府借款在内约占其海外投资总数的 6.5%。[①] 1946 年在华投资总额仍达 8.0730 亿美元，占同期外国在华投资总数的 63.2%，为美国的 3 倍多。[②] 新中国成立前后，外资在华企业有 1700 多家，投资总额为 8.6 亿美元，其中英资企业有 299 家，美国紧列其后，有 212 家。[③] 这些企业主要集中在上海。1949 年 5 月 28 日，上海市人民政府成立之时，上海外资企业为 910 家，其中属于英国的 219 家，占比为 24.06%，职工人数为 30852 人，占比 59.93%，资产占比为 46.83%[④]

---

① 魏子初：《英国在华企业及其利润》，人民出版社 1951 年版，第 18、23 页。

② 魏子初：《英国在华企业及其利润》，人民出版社 1951 年版，第 16、17 页。

③ 徐京利：《另起炉灶——崛起巨人的外交方略》，世界知识出版社 1998 年版，第 290 页。

④ 孙怀仁：《上海社会主义经济建设发展简史（1949—1985）》，上海人民出版社 1990 年版，第 15 页。

1949 年 5 月上海解放初期外资企业概括（按国家分类）①

	合计	英国	美国	法国	瑞士	苏联	波兰等 27 国
企业数	910	219	166	47	39	179	260
百分比	99.98	24.06	18.24	5.16	4.28	19.67	28.57
职工人数	51476	30852	13017	4080	917	654	1956
百分比	99.97	59.93	25.28	7.92	1.78	1.27	3.79
资产百分比	100	46.83	40.67	9.45	1.77	0.17	1.11

英商在上海 33 个国籍的外商中，无论数量规模都占首位。所以研究新中国成立后，中国共产党对外资企业的接收与改造及外商企业在中国大陆的衰退，首先要研究上海的外商企业，研究上海的外商企业，首要研究的是英商企业，从英商企业的衰退历程中可以窥见全国之一斑。

一、监督利用 & 门内留一只脚

新中国成立初期，中国共产党对外资的监督和利用政策使英国政府和英资企业保持着在新政权下可以继续经营的希望。1948 年 12 月 31 日，一份题为《中国的最近与预期发展及远东形势的变化》的英国财政部报告称：从共产党领导的区域所来的第一批报告指出，目前共产党人满足于让外国商人从事他们所能进行的商务而不加干扰，并让外国人支配他们自己的财产。商业界对共产党人的倾向变现出某种程度的乐观。②“二战”后，英国的实力受到很大削弱，政治、经济状况都在恶化。为了重

① 孙怀仁：《上海社会主义经济建设发展简史（1949—1985）》上海人民出版社 1990 年版，第 15 页。

② PROT，（1948.12.31）236/1812 OF23/39/9A.

振大国地位，其巨大的在华利益不得不提上议事日程。基于英国在华商业利益和香港问题，英国打算尽早和中国共产党建立外交关系。1948 年 12 月，英国外交大臣贝文向内阁提交了一份备忘录，建议在必要的情况下，与中共建立非正式的外交关系。12 月 13 日，英国内阁会议决定：我们应努力保持原地不动，与中国共产党建立事实上的关系。[①] 只有这样，英国才能在具有潜力的中国市场站住脚，英国商人在华经济利益才有可能进一步扩展。本着这一精神，南京解放后，当国民党政府南迁广州时，英国政府指示当时的驻华大使史蒂文森继续留在南京同中共保持联系。1949 年 3 月，英国把对即将建立的新中国的态度通报了美国："英外交部意识到，拒绝对一个实际上有效地控制着大片领土的政府给予任何形式的承认，不仅从法律上讲是说不通的，而且会在现实中产生严重的困难。"[②] 1949 年 9 月 23 日，英国工人日报发表社论，指出：英国政府应该从美国帝国主义的失败中学得教训，应该毫不迟疑地承认中华人民共和国和将英军撤出香港。该社论还说：有些美国人希望以封锁来绞杀中华人民共和国。事实上，这件事之毁灭英国贸易商要比阻碍新人民共和国的可能大得多。[③]

1949 年 10 月 1 日新中国成立。10 月 5 日，英国当局就复照新中国，建议中英两国先行建立非正式关系，以求两国贸易发

---

① Cabinet Council, (1948. 12. 13), CAB 129/31, C. P. (48) 299. P. R. O.

② 陶文钊：《美国对华政策文件集（1949—1972）》第 1 卷（上册），世界知识出版社 2003 年，第 67 页。

③ 杨胜群、陈晋：《亲历者的记忆：协商建国》，生活 · 读书 · 新知三联书店 2009 年版，第 369 页。

展和便于政府交往。英国复照在国际法意义上构成了对新中国“事实上的承认”。至于美国强烈的反应，英国政府仅承诺在采取进一步行动前，先与美国政府商量。1949 年 11 月 1 日，英国向美国送交一份备忘录，表示准备承认新中国。“英国政府已经提出了‘门内留一只脚’的政策，要使这一政策产生成果，便只有承认中国共产党政府。因此，出于政治的、现实的原因，英国政府倾向于给予法律上的承认。”[①] 英国当局一再强调拒不承认一个有效地控制了中国大部分地区的政府，不仅“在法律上是讲不通的”而且还会“对西方在华利益的保护造成严重的实际困难”。[②] 1949 年 12 月 3 日，英国进步人士发起了旨在推动与新中国经贸关系的“英中会议”，英国 10 个最大的产业工会和 198 个群众团体的代表出席。毛泽东特意致电祝贺，表示中国人民欢迎一切加强中英人民友谊的努力，并希望这种努力获得成功。[③] 英国政府在 1950 年 1 月 6 日不顾美国立场与建议对新中国的承认，当初大体上是着眼于加强与巩固英国在华的商业利益而提出的。在英国的商业企业，特别是那些构成了中国压力集团的企业赞同这种对新中国的承认，希望这能使他们继续在那里的贸易。……而且在工党内部就承认共产主义中国的

① 陶文钊：《美国对华政策文件集（1949—1972）》第 1 卷（上册），世界知识出版社 2003 年，第 163 页。

② aide memoire by foreign office，(1949. 8. 8)，FO371/75813　F11653/1023/10.

③ 徐京利：《另起炉灶——崛起巨人的外交方略》，世界知识出版社 1998 年版，第 224—225 页。

问题也没有相反的意见。[1]

可见，新中国成立前后，英国当局为了维护其在中国大陆的经济利益，对新中国采取了“把一只脚留在中国门内”[2] 的较为缓和的办法。这一点显而有别于美国当局那种激烈、绝对的办法。美英两国对待新中国的不同态度导致新中国对美英两国及其在华企业也表现出不同的态度。在宣传方面，报刊杂志屡屡点名抨击美国的侵华政策，却尽力避免批评英国。对英国在华企业和人员，亦有别于美国。但是，制约英国对新中国态度的最大因素还是美国。“二战”后，英国处境艰难，不得不依靠美国援助，所以对美国的对华立场又不能视而不见。正因如此，英国政府对华态度表现出极大的摇摆性。1949 年 11 月 16 日，贝文在下院发言时，对于中华人民共和国态度还未最终决定，因为这“牵涉许多问题——联合国、安理会、美国及英联邦成员国的态度等等”。[3] 英国外交部的一位官员在论述中英关系时就宣称：英国政府正试图“同中国共产党当局建立友好关系，但这并不能影响英国同国民党政府的现存关系”。[4] 正因如此，英国当局在与新中国保持接触的同时，在台湾淡水仍留有领事机构，同国民党政权依然保持着事实上的联系。1950 年 1 月 13 日，联合国安理会讨论苏联代表提出的驱逐蒋介石集团代表的提案，英国投了弃权票。中国政府要求英国政府对其言行不符

---

① 谢艾伦著，张平、张立、蒋清宏译：《被监押的帝国主义：英法在华企业的命运》，中国社会科学出版社 2004 年版，第 33 页。

② cabinet papers，（1948. 12. 9），CAB129/31，C. P.（48）299.

③ *U. K. House of Lords Debates*，Vol. 469，Chap. 2015.

④ Evan Luard，*Brtain and China*. Johns Hopkins Press，1962，p. 66.

的问题予以澄清。经过多次交谈，英方态度有所改变。英国坦言：英国对中国在联合国的代表权问题投弃权票是因为这个问题在当时不可能获得多数通过。[①] 与此同时，英国政府还追随美国对新中国实行封锁和禁运。英国这一态度为中英关系的进一步发展设下了种种障碍，使两国外交关系迟迟不能建立。

英国政府对新中国态度的摇摆，使在华英商感到他们无保障，对前途有怀疑，故表现态度为观望、消极、怠工。英商企业凡有钱赚的则不声不响地赚下去；赚不到钱，两眼看看将来也无可赚的就歇业；不可能放弃或一时无钱可赚，而将来还有希望的就等着观望一下，但希望尽量减少自己负担，转嫁于中国政府和职工。银行的经营态度在一定程度上反映了一般工商业的经营态度。如汇丰银行的基本态度是幻想趁美帝退出中国市场的时机，重振旗鼓，恢复其过去已失去的地位，扩充对外贸易。“解放后怡和的凯瑟克和信昌的高默想出面积极活动，尤以后者为甚。人家在紧缩，他在扩充。接办了纶昌印染厂，提出投资 1000000 英镑建立人造丝厂的中英合作计划。最近听说，有接办早已停工的绵华线厂之说。对这些有利的企业，汇丰是积极的，对那些无利的，或前途不可知的，如公和祥码头，马勒船厂等，则有抱着尽企业的现有财产拖，决不再投资一元钱的政策，能拖则拖，不能拖就任其垮台。对于公用事业明知我政府曾予以扶植，故也不再有任何经济协助。英商银行里麦加

---

① 裴坚章：《中华人民共和国外交史》（1949—1956），世界知识出版社 1994 年版，第 309 页。

利态度比较突出，解放初期表现得颇为积极，但不久后就有显著转变，一方面表示不满于政府管制严格、人员入境困难，一方面态度消极，有时甚至拒绝外来业务。”① 解放后，美商势力已大不如前，麦加利银行企图恢复旧日领导地位，故颇为积极，但仍有特权思想，动辄以老大自居，轻视我现行之管汇法令及措施。最初对我不了解，表示怀疑。其后因我对其管制严紧，经营遂无信心，对政府抱怨，表示不合作，如中国银行托开购买证，则恣意挑剔或拒绝不做。对我在实施外汇须结存中国银行之前曾询其意见，该行表示如能一定实行此项法令，则该行将通知各外商银行今后停做侨汇业务，以示抗拒。

在监督和利用政策作用下，上海英资企业总体数量逐年在减少。减少的企业主要集中于国际贸易和保险、银行业。到1950年7月，英商进出口企业还存60家，但全年营业额超过100亿元者已寥寥可数。保险业23家主要的是怡和代理5家，太古代理5家，保裕代理4家，比解放前也大为逊色，除火险、意外险外，水险几乎陷于停顿，最高营业额未超过解放前的1/5。4家银行业，除新沙逊停顿外，其余3家（汇丰、麦加利、有利）都始终亏本，全年营业额，汇丰为140亿元，麦加利29亿元，有利31亿元。②

1950年7月，上海外商工商企业共只剩下684家，除了29家是无国籍的，其余分属32个国籍，684家中以英商185家为

① 上海市档案馆、财政部财政科学研究所编：《上海外商档案史料汇编》（七），1987年内部整理编辑，第29页。

② 上海市档案馆、财政部财政科学研究所编：《上海外商档案史料汇编》（七），1987年内部整理编辑，第28页。

最多，占全部的27%。[①] 684家外资企业当中，有公司组织的为324家，其中，英商公司组织数为148家，占全部外商324家的46%；地产7224.402亩，占全部外商地产11135.078亩的65%；资产为37045592373元，占全部外商总资产1064161317378元的35%；职工人数为30406人，占全部外商职工人数50472人的60%[②]。可见，上海外商企业的势力绝大部分都集中于英、美、法商，而其中又以英商为最主要。

二、军管、征用、代管、征购、转让 & 徘徊摇摆

朝鲜战争爆发以后，以美国为首的西方资本主义国家加紧了对中国的经济封锁。1950年12月3日，美国宣布对中国实行全面禁运，规定所有输往中国内地、香港、澳门的物资，不论是否为战略物资，一律纳入管制。1950年12月16日，美国宣布禁止一切在美国注册的船只驶入中国大陆港口，不准美国人到中国进行贸易和其他活动，管制中国在美国的公私财产，包括冻结中国在美国的存款和扣留中国在美国或在美国启运中的公私货物。1951年5月18日，美国再次操纵联合国大会通过对中国和朝鲜禁运的提案，12月26日，美国国会又通过巴特尔法案，规定接受美援的国家不得将战略物资运往中国，如果运往，美国即取消给它的军事、经济和财政援助，强迫更多的国家对

① 上海市档案馆、财政部财政科学研究所编：《上海外商档案史料汇编》（七），1987年内部整理编辑，第1页。

② 上海市档案馆、财政部财政科学研究所编：《上海外商档案史料汇编》（七），1987年内部整理编辑，第17页。

中国实行禁运。

封锁政策没有给刚刚成立的新中国带来多大的惊吓。毛泽东在《别了，司徒雷登》一文中指出：封锁吧，封锁十年八年，中国的一切问题都解决了。中国人死都不怕，还怕困难吗？[①] 英国临时代办胡阶生给英国外交部的电报说："美国对那种以高压和无礼方式剥夺其使用前军事建筑的权力的反应给中国人造成了什么惊吓，……中国政府发言人没表现任何沮丧，甚至也未感到突然！"[②] 对此，中国政府采取了报复措施。

至于美国以外的其他国家，1950 年 11 月 5 日，外交部发布《关于外资企业处理办法的初步意见》，规定：(1) 区别外资企业所属国家，首先应以美国在华企业为主要对象，对英资及其他外资亦得加强管制使之适应中国的需要。(2) 凡与中国国防有关及对中国社会秩序有重大影响而处理后对中国有利无害或利多害少者，首先予以处理；尚对中国经济有利或利多害少者，可较缓处理，但也应加强管制。(3) 对首先处置的外资企业，视情况按军事管制全面接管及没收程序加以处理。(4) 银行、保险、进出口业及轮船业，可较缓处理。(5) 处理外资企业应有公开的法律依据。[③]

但是，朝鲜战争爆发后，英国对华政策的摆动幅度逐渐加大。一方面，英国出于对自身利益的考虑，还想继续寻求同中

---

① 毛泽东：《毛泽东选集》第 4 卷，人民出版社 1991 年版，第 1496 页。

② 爱德温 · W. 马丁著，姜中才译：《抉择与分歧——英美对共产党在中国的胜利的反应》，中共党史资料出版社 1990 年版，第 127 页。

③ 裴坚章：《中华人民共和国外交史》（1949—1956），世界知识出版社 1994 年版，第 265—266 页。

国改善关系。英国当局深知对新中国不能简单地以喜欢还是不喜欢来做定论，毕竟这是个巨大的现实问题。1950 年 8 月 3 日，英国在安理会投票支持苏联提出的把中国代表权问题列入安理会议事日程的提案。一个月后，英国又投票支持印度代表提出的接受中华人民共和国的代表出席联大会议的提案。11 月底，朝鲜局势更加紧张，美国公然表示要使用包括原子弹在内的一切武器。这一言论引起英国极大不安。就在美国发表言论当天，就有 100 多名议员联名致函首相艾德礼表示抗议。12 月 4 日，艾德礼飞抵华盛顿，与杜鲁门举行会谈，再三解释了英国对有关中国的一系列问题的政策考虑。艾德礼说："我们迫切希望不要让朝鲜冲突扩大开来。……如果我们卷入亚洲，那就帮了俄国人的忙。我们不能在东方弄得难以自拔，而在西方陷入容易遭到进攻的处境。西方毕竟是我们反共战线的关键。"关于中国在联合国的地位问题，艾德礼表示："英国认为最好让共产党中国进入联合国。""这不合美国口味。""但如果有可能解决问题的话，在联合国内解决比我们两国中任何一国单独出面解决为好。"①

与此同时，英国政府对新中国又表现出不好的另一面。受美国操纵的联合国推行冷战对抗政策，先后于 1950 年 6 月 25 日、6 月 27 日和 7 月 7 日通过三个决议，英国都投了赞成票。朝鲜战争爆发后，1950 年 12 月 3 日，美国开始对中国大陆实行全面禁运，强调"一个士兵可以利用的"任何物品都不许运往中国大陆。英国就追随美国实行对华部分禁运，到 1951 年 5 月

---

① *Foreign Relations of United States*, 1950, Vol. 3, Western Europe, p. 1710—1711, p. 1762—1763.

9 日，英国又陆续宣布 200 种商品对中国禁运。5 月 18 日联大通过了对中国实行全面禁运的非法决议，英国两次投了赞成票。同一天，英国政府还决定，从 6 月 25 日起所有对华出口的英国商品全部实行许可证制度，这一决定也适用于香港及英国其他殖民地的对华出口。1950 年 10 月，英国非法扣押中国留在香港的中国航空公司和中央航空公司的全部飞机资产。1951 年 4 月 7 日，英国政府决定在香港征用中国油轮——永灏号，并将其交付给英国皇家海军用于朝鲜战争。英国殖民大臣葛里菲斯公然宣称：为了在朝鲜的英国及联合国军的安全，绝不能让永灏号油轮驶回中国去。① 针对英国的这一面，新中国政府也试探性地进行了报复行动。1951 年 4 月 30 日，中国政府报复性地征用了壳牌中国有限公司（又称亚细亚火油公司）除办公楼之外的全部财产。并强调："在今天，我们对英国尚只限于局部报复，但也应准备，如果英国敢于扩大报复，则它在华的两亿英镑投资，便是报复代价。"② 中国政府这样做没有波及其他英商企业。

1952 年 7 月 5 日，中国外交部就英国有关中英贸易问题的照会发表《声明》，指出："中国政府愿与各外国的政府和人民在平等和互利的基础上恢复与发展国际间的通商贸易关系；一切遵守中国政府的法令的在华外侨外商，都可得到各级人民政府的保护。"③ 外交部特别申明：只要在中国境内的英国各公司

---

① 徐京利：《另起炉灶——崛起巨人的外交方略》，世界知识出版社 1998 年版，第 296 页。

② 中共中央文献研究室编：《周恩来年谱》（1949—1976）上卷，中央文献出版社 1997 年版，第 148—149 页。

③ 《新华月报》，1952 年第 8 期，第 41 页。

产商遵守中国法令，仍当予以保护。[①] 可是，英国当局仍然一意孤行，1952年，香港与英国法庭所做出否认新中国对71架中国飞机及其他相关资产所有权的决定，并禁止中国大陆居民自由出入香港，迫害香港和马来西亚等地的中国人等等。至此，中英建交谈判的基础已不复存在。为此，外交部副部长章汉夫致函英国代表表示抗议，中英谈判也随之搁浅。英国当局的一意孤行也引发了中国政府对英国财产的另一轮公开征用。1952年8月15日，上海军管会发布命令，征用英国所拥有的上海造船公司和马勒造船所，包括其可动产和不动产的所有资产。11月，针对英国最高法院有关中国飞机问题的裁决，上海当局再次命令征用了上海英国电车公司、自来水公司、煤气公司以及隆茂洋行财产。至1952年底，已清理的英国企业占其在华企业总资产的63%。[②]

压力之下，英国在华企业的大部分已经表达了要停止运营的意图，这与英国对华禁运政策是息息相关的。从1950年年底开始，英国在华企业遇到了越来越多的困难。经营活动减少，利润急剧下降，商业前景黯淡。“大部分英国在华商人认为，他们在这个国家的投资不可能在可预见的将来带来红利，”关张撤离成为大多数公司“唯一现实的选择”。[③] 与他们竭尽全力扩展在华商贸活动的传统方式相反，英国资本现在正在尽各种努力从那个遥远而又不平静的土地上撤退。20家根基稳固的公司，

① 裴坚章：《中华人民共和国外交史》（1949—1956），世界知识出版社1994年版，第268页。

② 裴坚章：《中华人民共和国外交史》（1949—1956），世界知识出版社1994年版，第268页。

③ 王为民：《百年中英关系》，世界知识出版社2006年版，第210页。

诸如英美烟草公司、太古公司、麦加利银行、汇丰银行、卜内门公司（帝国化学工业公司）、怡和有限公司和壳牌石油公司（亚细亚火油公司）都做出了撤出中国的决定。这是中国政府从大概 1950 年开始在外国企业发展道路上日益增设障碍的直接结果。[①] 1952 年 10 月，英国驻北京代办莱昂内尔・郎博说道："我们或曾有过的任何改善他们对英国贸易态度的希望，以及最终复兴贸易的远景……现在都可以看作是毫无根据，或是已经破灭了的。"[②]

英国官方也明确表达要尽快结束在华企业，并表示不支持英资企业在转让中谋求高价。"英国政府的态度是明朗的，在华英商应该适应中国所发生的巨大变化"，"无论你们采取什么态度，你们的企业终将为政府所有"。[③] 1952 年 5 月 20 日，英国外交大臣在英国议会下院就此问题发表演说，把责任推到中国身上。对此，1952 年 7 月，中国外交部副部长章汉夫发表声明回应：中国政府曾为帮助在华英国公司采取多种措施，但英国政府的贸易管制和禁运政策最终给在华商界带来了苦果。[④]

到 1952 年 12 月 31 日，英商尚存 106 家，其中，工业 21 家，轮船码头仓库 9 家，进出口 33 家，银行 4 家，房地 21 家，其他 18 家，职工人数 13135 人，资产总值 12531 亿元。[⑤]

---

① 谢艾伦著，张平、张立、蒋清宏译：《被监押的帝国主义：英法在华企业的命运》，中国社会科学出版社 2004 年版，第 31 页。

② aide memoire by foreign office，（1952. 10. 31），FO 37199321 FC 1152/179.

③ 上海市档案馆、财政部财政科学研究所编：《上海外商档案史料汇编》（一），1987 年内部整理编辑，第 469 页。

④ 王为民：《百年中英关系》，世界知识出版社 2006 年版，第 211 页。

⑤ 上海市档案馆、财政部财政科学研究所编：《上海外商档案史料汇编》（一），1987 年内部整理编辑，第 28—31 页。

三、全面改造 & 全面撤退

1953 年 7 月，朝鲜停战协定签字，远东国际形势趋于缓和，给中英关系的改善带来了契机。国际形势的缓和增加了英国政府及英商观望等待的希望，因为缓和的亚洲局势有利于英国的经济利益要求。1953 年 3 月，英国商务部的一份报告指出：英国对华禁运损害了英国商界的利益，妨碍了英国商人与其他欧洲商人在中国市场上的竞争。报告为此建议英国政府放松对华贸易管制。[①] 丘吉尔在 1953 年 12 月西方三国首脑百慕大会上告诉艾森豪威尔，英国认为对人民中国及苏联的贸易是对英国人有切身重要性的贸易。[②] 据当时估计，如果中英关系趋于正常，中英两国年贸易额可达 0. 8 亿—1 亿英镑。[③]

国际形势的缓和加上现实利益的驱动使英国当局逐渐改变了对新中国的外交态度。1953 年 9 月，英国的一次民意测验表明，有 57%的民众赞成联合国接纳中国，反对意见只占 16%。[④] 1954 年 2 月，英国在四大国柏林外长会议期间，赞同苏联建议的召开包括中国在内的五大国会议来讨论世界局势。虽然美国极力反对，但是英国和法国都主张召开五国外长会议。此外，在日内瓦会议召开之前，美国试图策划西方联合行动，但由于

---

① 陶文钊：《中美关系史》(1949—1972)，上海人民出版社 1999 年版，第 121 页。

② 加里宁：《现阶段的英美矛盾》，世界知识出版社 1960 年版，第 36 页。

③ 《世界知识》1954 年第 17 期，第 12 页。

④ Brian Porter, *Britain and the Rise of Communist China, A Study of British Attitudes 1945—1954*, Oxford press, 1967, p. 21.

英国的带头抵制，这一企图未得到实现。1954 年 4 月 12 日，英国外交大臣在会见美国国务卿杜勒斯时就指出：英国政府对以军事手段解决印支问题的可能性表示极大的怀疑，而且在日内瓦会议即将举行之际，英国政府既不考虑军事干预的建议，也不赞成对中国发出威胁。① 正是在这样的背景之下，日内瓦会议期间，英国代表团与中国代表团进行了多次接触。经过艰苦谈判，两国外长于 1954 年 6 月 17 日就中英互派外交代表取得了协议并发表联合声明。双方互设代办处，至此，中英之间正式建立了代办级外交关系，标志着中英关系向前迈进了一步。1954 年 8 月，以英国工党领袖、前首相艾德礼为首的英国工党代表团访华，中方给予较高的礼遇。毛泽东在接见时说："第二次世界大战以来中英关系已根本改变，日本统治了中国，战后美国代替了日本，帮助蒋介石打内战，而英国改变了态度，两国间基本的争论不多了。""不同社会制度的国家可以共处，互相做朋友。中英双方都要和平，不愿打战，都要建设自己的国家，因此也要做生意，这些共同的要求是双方可以进行政治和经济合作的基本条件。"②

中英关系的改善一定程度上也影响了在华英商的态度。如英商太古公司认为："禁运虽未取消，但目前已有取消象征，故应做好准备，以便将来扩展贸易。" 英商卜内门公司也认为："时局有缓和可能，对上海分公司的实在价值有重新考虑的必要，因此在华各地分公司应尽速地采取对价转让的方式结束，

---

① 萨本仁：《20 世纪的中英关系》，上海人民出版社 1996 年版，第 347 页。

② 毛泽东：《毛泽东外交文选》，中央文献出版社、世界知识出版社 1994 年版，第 162 页。

但上海分公司则应保留。可是一旦情况恶化，需要立刻考虑上海公司问题时，只能不顾其实在价值而立刻结束。”①

但事物的发展总是相对的，就在中英关系改善的同时，中国共产党提出了过渡时期总路线，强调要把私营工商业进一步纳入国家资本主义轨道。这大大影响了以英商为主的外商态度。英商和记冻蛋公司的华籍经理孙震林说：“华商尚且要通过国家资本主义的道路，走向社会主义，外商的前途就可想而知了。”②面对社会主义改造高潮，外商深感在当前社会经济状况下在中国经营已无前途。转让又是结束企业最好的方式，外资企业纷纷表达了转让的意见。

1953年，资本主义工商业社会主义改造的政策确立后，上海市政府外事处确立了该阶段改造外资企业的工作原则。4月1日，上海市人民政府外事处就指出：今年上海外事工作的中心任务是彻底肃清帝国主义在本市的残余经济特权。所以，外商企业对于以转让方式求得解决的态度越发明了。

在改造高潮的声势下，外资企业内部各方面的压力加剧，使得大企业在上海的外籍负责人大多感到无可抗拒，更加坚决主张转让，少数一向主张继续观望的也大为动摇，这些企业的国外业主也有了相应的转变。比如经过长期挤压的英商卜内门公司就指示上海负责人在谈判中适当掌握分寸，不要决绝，必要时准备汇一定款项解决在转让中难以解决的问题。英国官方

---

① 上海市档案馆、财政部财政科学研究所编：《上海外商档案史料汇编》(一)，1987年内部整理编辑，第154页。

② 上海市档案馆、财政部财政科学研究所编：《上海外商档案史料汇编》(一)，1987年内部整理编辑，第155页。

态度也比以前更加明确，英国参赞盖尔纳就向中方表示：英国政府的态度是明确的，在华英商应该适应中国所发生的巨大变化。并向英商负责人表示：无论你们采取什么态度，你们的企业终将为政府所有。[①] 1956 年，上海外事处在外资企业愿意接受资产对负债的基础上进一步采取从速从宽的精神，继续加强挤压，简化谈判手续，缩短谈判时间，加速处理外资企业。到 1956 年 12 月 31 日，上海还残存外资企业 53 家，其中英商 14 家，职工 1166 人，资产总值 49219066 元。包括工业 1 家，即密丰绒线厂；银行业 3 家，即麦加利银行，汇丰银行和新沙逊商业银行股份有限公司；航运 1 家，即中国马勒有限公司；进出口 4 家，即亚细亚火油有限公司，乐士德有限公司，保和公司，信倡机器工程有限公司；房地产 4 家，即远东营业股份有限公司，上海地产投资股份有限公司，华懋地产股份有限公司和麦达有限公司。另外酒吧 1 家，即阁尔邓孙酒吧。[②] 到 1956 年年底，英国在华企业总资产的 93. 1%清理完毕。[③]

社会主义改造完成后，上海市政府本着“有计划、有步骤、有重点地挤掉帝国主义在华的企业而与之加强平等互利的贸易往来”[④] 的总方针。1958 年又转让 4 家英资企业，包括英国华

① 上海市档案馆、财政部财政科学研究所编：《上海外商档案史料汇编》(一)，1987 年内部整理编辑，第 469 页。

② 上海市档案馆、财政部财政科学研究所编：《上海外商档案史料汇编》(二)，1987 年内部整理编辑，第 155—157 页。

③ 裴坚章：《中华人民共和国外交史》(1949—1956)，世界知识出版社 1994 年版，第 269 页。

④ 上海市档案馆、财政部财政科学研究所编：《上海外商档案史料汇编》(二)，1987 年内部整理编辑，第 194 页。

懋地产股份有限公司、远东营业股份有限公司、上海地产投资股份有限公司和新沙逊商业银行股份有限公司。另外，1958 年 11 月 27 日，英国保和有限公司宣布歇业。到 1958 年 12 月 31 日止，上海还存外资企业 35 家。[①] 其中英商尚存 9 家。1959 年，2 家英国企业，即乐士德有限公司和信昌机器工程有限公司宣布歇业。英国密丰绒线厂宣布转让。另外，英国麦达有限公司，因其负责人被逮捕，政府以“无主管业”为由宣布代管。到 1959 年 12 月 31 日尚存 27 家。[②] 其中英商还存 5 家。

1960 年，上海共处理外商企业 12 家，包括转让 2 家，歇业 10 家。到 1960 年年底，上海还尚存外国企业 15 家。其中英国 5 家，分别是汇丰银行和麦加利银行；进出口 1 家，即亚细亚火油有限公司；航运 1 家，即中国马勒有限公司；还有 1 家酒吧，即金日酒吧。这 15 家里面，有 2 家英国商业银行中国方面需要维持，不主动挤压，所以他们 2 家盈余情况尚可。其他进出口企业由于我们的挤压，业务都比较惨淡，正在打算准备歇业或者转让。到 1961 年，整个中国还尚存外国在华企业 29 家，主要集中在上海和天津两地。在残存的外商企业处理过程中主要是税收问题难以定论，如果挤压过甚，势必会引起这些企业所属当局政府的报复，另外，这些国家大多在国际舞台上是属于中立的国家或有中立倾向的国家，是我国在外交上争取的对象。所以外交部在给总理的呈报中提出：“不再主动挤压，在政治上

---

① 上海市档案馆、财政部财政科学研究所编：《上海外商档案史料汇编》（二），1987 年内部整理编辑，第 270 页。

② 上海市档案馆、财政部财政科学研究所编：《上海外商档案史料汇编》（二），1987 年内部整理编辑，第 286 页。

留作点缀的方针，从有利于争取这些有中立倾向的国家着眼……主动做些工作。”① 周恩来总理在1961年6月2日做出批示。指出：凡申请歇业的，都可批准。未申请歇业的，可看一看。有营业的，可控制其利润。②

根据这个原则，1961年上海共处理外商企业5家。其中就包括英国金日酒吧申请歇业获批准。1961年年底上海还尚存外商企业10家。其中英国4家，分别是汇丰银行和麦加利银行；进出口1家，即亚细亚火油有限公司；航运1家，即中国马勒有限公司。对于这些企业，上海外事处本着总理的批示在积极处理过程中。亚细亚火油有限公司1951年4月30日中国政府宣布征用除其总公司和分支机构之办公处以外的全部财产，并征购其全部存油后，各地分支机构均相继歇业，只留上海办公处继续存在，直至1966年1月才将上海办公处房屋等财产转让给我中华企业公司。③ 中国马勒公司由于在社会主义改造任务提出后总是没有业务，一直靠英国海外汇款救济，在这前后也很快就歇业。考虑到英资汇丰银行和麦加利银行在中国有近百年的历史，熟悉中国，有相当影响力，因此，中国政府设法挽留它们。中方建议在清理完资产债务后，汇丰银行和麦加利银行保留机构，继续营业，并适当介绍业务给它们，以减少其亏损的压力。这两家银行一直维持到20世纪80年代，成为中国对外开

---

① 上海市档案馆、财政部财政科学研究所编：《上海外商档案史料汇编》（二），1987年内部整理编辑，第305页。

② 上海市档案馆、财政部财政科学研究所编：《上海外商档案史料汇编》（二），1987年内部整理编辑，第303页。

③ 上海市档案馆、财政部财政科学研究所编：《上海外商档案史料汇编》（五），1987年内部整理编辑，第444页。

放后首批在上海开业经营的外资银行。

四、对英资企业的清估——以亚细亚火油有限公司为例

英国壳牌石油有限公司（Shell Petroleum Co. Ltd.）于1907年投资创设华北亚细亚火油有限公司（The Asiatic Petroleum Co. “NorthChina” Ltd.）于上海，及华南亚细亚火油有限公司（The Asiatic Petroleum Co. “South China” Ltd.）于香港，并陆续在各地设立分支机构，经常输入多种油类，占我国总需要量1/4，与美商美孚公司及德士古公司三分了我国的石油市场。

太平洋战争爆发，两公司均被日寇军管，外籍人员大都拘于集中营，少数免脱者去重庆另起炉灶。胜利后复业，两公司合并，称为亚细亚火油有限公司（The Shell Co. of China Ltd.），以上海公司为第一分公司。

亚细亚与德士古及美孚分占中国石油市场已数十年。亚细亚全盛时，在我国20余省分设51个分公司，管理500个经销机构。抗战胜利，德士古爆发，亚细亚相形逊色。1948年三公司输入油料起岸价格为：(单位：万美元)

公司	全国输入额	上海输入额
亚细亚	1100	980
美孚	1800	1400
德士古	3010	2450

解放后输入数字极小：

1949 年下半年（上海）　　美金 260903 元
1950 年上半年（上海）　　美金 245175 元
1950 年下半年（上海）　　美金 38187 元

其营业额（上海）在 1949 年 6 至 12 月为人民币 192 亿元，1950 年全年为人民币 563 亿元。

销售业务在政府管制下进行。输入油料自香港宣布禁运后等于停顿。制听工场照常开工。制烛工厂以“白礼氏洋烛公司”名义对外独立，停工中。全公司开支赖存货维持，工资一项每月约人民币 17 亿元。

上海无独立资本，总公司资本金 2000000 英镑。上海全部资产据公司 1949 年年底自估，值人民币 24818046899 元。显然低估，并与实际价值相去甚远。其实际资产计：

1. 房地产　该公司共占土地 1407. 418 亩，其中建筑物（不包括油池等）占地 75. 808 亩。计：

油栈　　5 处　　占地 52. 520 亩
办公室及宿舍　12 处　　占地 20. 292 亩
加油站　　21 处　　占地 3. 196 亩
共值　　人民币 7906658134 元。

2. 机器设备　分布于高桥、上码头、杨树浦三油栈。

共值　　人民币 2295450134 元。

3. 存货及存料　包括存油及制听原料等，共值人民币 3104787836 元。

4. 其他　　人民币 11511150177 元。

主要机器设备为：

部分名称	高桥油栈	上码头油栈	杨树浦油栈	合计
发电机	2	1	1	14
马达	—	1	7	8
锅炉	2	2	3	7
引擎	—	2	—	2
帮浦	15	13	9	37
工作机	8	—	4	12
灌油机	9	—	2	11
洗桶机	5	—	—	5
压气机	3	2	1	6
制听设备	全套（每日可制造 5 加仑听 6000 只）			1
制烛设备	1 全套（每日可产洋烛 360000 支）			1
油池	大小 69 座（可容 117410 公秉）			69
船舶	油驳 15 艘　其他 23 艘			38
车辆	油车 3 辆　其他 36 辆			39

职员分为外籍职员和中国籍职员。外籍职员共有 35 人，其中 28 人是一般职员，7 人是负责的经理副协理。前者月薪 505—3557 单位，后者 2136—4796 单位。主要人物有：贝载时（J. N. Bates），英籍，1924 年来华，太平洋战时入集中营，1948 年任总经理；毕纯（P. K. M. Patten），英籍，副经理，1926 年来远东；纳许（H. H. Nash），英籍，副经理，主管人事、法律财务，亦长期居留我国；葛林，英籍，总工程师；埃尔司，英籍，总会计师，等等。中国籍职工方面除可以代表资方的经理

级人物4人外，有职员321人、工人725人。经理月薪973—2725单位，职员月薪155—2065单位，工人月薪145—505单位。

一如德士古与美孚，亚细亚职工由于薪给较高，生活较优裕，大都觉悟较低，不关心政治，对帝国主义认识不足，对洋行职业非常留恋。部分职工受资方欺骗，以为资方在1950年7月提出解雇，乃由于政府收了公司所存的美援油料。但一般的职工，在解放后一年中通过目睹人民政府的成就，尚能认识人民政府确是为人民服务的政府。

由于亚细亚职工人数少，公司经济情况又最好（存货及现金均较多），因而职工坚持高额解雇金，经历长久谈判。至政务院命令管制美商后，才获协议，但数字仍然过高。为避免产生不良影响，铸成“分光算数”的不正确想法，乃大力说服职工，减低要求，重新协议。

新协议将于一月中旬获得批准，第一批解雇者约500人，预计第二批将为200人，留职者300人，大都为比较正派积极的分子。①

1950年10月，英国非法扣押中国留在香港的中国航空公司和中央航空公司的全部飞机资产。1951年4月7日，英国政府决定在香港征用中国油轮——永灏号，并将其交付给英国皇家海军用于朝鲜战争。针对英国的这一面，新中国政府也试探性地进行了报复行动。1951年4月30日，中国政府报复性地征用

---

① 关于亚细亚火油公司的简介资料转引自：上海市档案馆、财政部财政科学研究所编：《上海外商档案史料汇编》（七），1987年内部整理编辑，第154—159页。

了壳牌中国有限公司（又称亚细亚火油公司）的除办公楼之外的全部财产。

用征用方式接管亚细亚火油公司需要进行资产清估，以备外事所需。在中央一再强调和指示下，1952 年 12 月 31 日，华东行政委员会财经委员会主任曾山签署通知，要求对沪征用或代管的 15 家外资企业进行资产清估。由于亚细亚火油公司的使用单位是华东区石油公司，所以其清估工作由外事处牵头，华东区石油公司具体落实，清估工作于 1955 年 2 月完成。清估情况如下：

上海市人民政府外事处编制亚细亚火油有限公司对外清理估价资料①

（1955 年 2 月）

原企业简况及处理经过

<table>
<tr><td rowspan="2">原企业名称</td><td>中文：亚细亚火油有限公司</td><td>资本额：上海无独立资本，总公司资本金 200 万镑</td><td>分股（不详）</td><td>每股金额（不详）</td></tr>
<tr><td>原文：THE SHELL CO. OF CHINA LTD.</td><td colspan="3">股东国籍：英国</td></tr>
<tr><td colspan="5">原企业简况：总公司为英国壳牌石油公司（SHELL PETROLEUM CO. LTD.）1907 年开始设立华北亚细亚火油公司于上海，华南亚细亚火油公司于香港，此后并陆续在各地设立分公司，专门经营输入石油，过去输入额占我国总需要量的四分之一，与美商美孚及德士古两公司三分了我国石油市场，抗战胜利后华北及华南公司合并为亚细亚火油有限公司，中国境内各地均由上海统辖。
亚细亚全国除办公处以外财产征用后，各地办公处均已相继歇业，只有上海尚有办公处继续存在，曾表示将考虑再经营石油进口。</td></tr>
</table>

① 上海市档案馆、财政部财政科学研究所编：《上海外商档案史料汇编》（五），1987 年内部整理编辑，第 124—125 页。

（续表）

处理方式：征用办公处以外的全部财产	处理日期：1951年4月30日
处理命令：上海市军事管制委员会军办秘三字1566号（上海）	
接管单位：上海、重庆，为中国石油公司接管，其他各地为军委后勤油料部接管	军事代表：（上海）莫承晖
现在领导单位：仍为上述接管单位	现在企业名称：接管之财产已并入各接管单位，不单独作为独立企业
办理移交清册日期：上海1951年12月	原企业移交人：上海总经理英籍贝戴时（J. N. BATES）
处理后原企业曾否提出交涉及交涉情况：1951年6月21日原企业负责人贝载时曾根据总公司指示要求上海外事处转中央人民政府对征用财产予以补偿，并要求明确征用期限（意询何时发还）我除报外交部外，未置答。	

资　　产

单位：旧人民币元

资产项目	对外清估数字		参考数字	
	（一）	（二）	对内清估数字	原企业内部外币资产负债表数字
固定资产余值	4793600.00	46700150000	332061318241（18处）	
流动及其他资产价值	4965608782	15895197250		
合计	9759208782	62595347250	332061318241	

负　　债

单位：旧人民币元

负　债　项　目	对外清估数字	
	(一)	(二)
上海查出部分： 隐匿敌伪财产	547028898	5450559431
外地报来部分： 积欠国家税款	2931771949	2931771949
隐匿敌伪财产	12280007	122800066
合计	3491080854	8505131446

亚细亚火油公司对外清估反映了以下几个特点，第一，清估包括了资产和负债情况。资产和负债情况是在详尽统计各地（18 处）固定资产明细（按地区和财产类别清估）和积欠国家税款明细（按外地和上海本地清估）基础上统计出来的。第二，清估单中列出了以“八底数字”为基础统计出的数字和接管时的统计数字两种。第三，清估体现了“‘对外清估’必须与‘对内清估’严格区别，掌握合法合理，有凭有据的精神，设法缩小资产，扩大负债”的中央要求。[①] 从资产一栏中可看出“对外清估”和“对内清估”统计差距较大，以 1949 年 8 月 31 日的外币牌价，即“八底数字”为基础统计出的数字为 9759208782 元，以接管时的 1951 年 12 月外币牌价为基础统计出的数字为 62595347250 元，而“对内清估”统计出的数字为 332061318241 元。另外，以两种方法统计出来的资产和负债，

① 上海市档案馆、财政部财政科学研究所编：《上海外商档案史料汇编》(一)，1987 年内部整理编辑，第 383 页。

都显示清估出来的资产远大于负债，以 1949 年 8 月 31 日的外币牌价，即“八底数字”为基础统计出的资产数字为 9759208782 元，而负债数字为 3491080854 元。以接管时的 1951 年 12 月外币牌价为基础统计出的资产数字为 62595347250 元，而负债为 8505131446 元。但整体上英商的负债是大于资产数字的，清估的结果是负债大于资产 10211036 元（第一种清估数字）和负债大于资产 2457027 元（第二种清估数字）。[①] 这表明对外清估总体上是负债大于资产，但是具体到每个企业就有所不同。

20 世纪 70 年代初，对美资在华资产重新进行清估工作结束以后，接下来，英、法等国的财产清查问题就被提上议事日程。对英、法等国资产清查工作基本上是依照美资清查的精神进行，即“合法合理，有凭有据”，“设法缩小其资产，扩大其负债”，以便在对外斗争中处于有理有利的地位。清查的企业是解放初期军管会下令征用、代管等产权未解决的外商企业。亚细亚火油有限公司 1951 年 4 月 30 日中国政府宣布征用除其总公司和分支机构之办公处以外的全部财产，并征购其全部存油后，各地分支机构均相继歇业，只留上海办公处继续存在，上海负责人曾一再表示将争取继续经营油料进口，并曾与中国进出口公司联系考虑进口其他物资之可能性。1956 年 1 月成交肥田粉一笔，值美金 500000 元。目前，该公司上海办公大楼价值约 3080000 元，每月租金收入支付全体工资及各项开支后仍有余裕。由于全国各地油料征购后款项均已集中上海，故现有银行存款约

① 上海市档案馆、财政部财政科学研究所编：《上海外商档案史料汇编》(二)，1987 年内部整理编辑，第 2 页。

2500000余元。曾一度表示恢复营业，并曾表示，除非中国政府命令歇业，不拟结束。[①] 直至1966年1月10日才将上海办公处房屋等财产转让给我中华企业公司。

附：英商伦敦亚细亚火油有限公司转让
中华企业公司承让财产契约

（一）英商伦敦亚细亚火油有限公司（以下简称甲方）鉴于无意继续经营其在上海的分公司，决定结束，现授权其上海分公司经理罗福德（T. P. G. RUFFETT）全权负责将其在华财产（详见附件）转让与中华企业公司（以下简称乙方）。

（二）乙方同意承让第一条所述财产，并同意录用甲方在职职工，承担甲方对在职职工的各项义务以及其他经双方协商同意的甲方在华的债务与义务（详见附件）。

（三）甲方愿将有关的档案移交与乙方。

（四）本契约经双方同意签字，由甲方报请上海市工商行政管理局核准并经上海市高级人民法院公证后即行生效。

（五）本契约正本四份，甲、乙双方各执一份，其余分报上海市工商行政管理局及上海市高级人民法院。

立契约人：甲方

乙方

见证人：上海市工商联合会

中国财贸工会上海市对外贸易局工作委员会

1966年1月10日

---

① 上海市档案馆、财政部财政科学研究所编：《上海外商档案史料汇编》（一），1987年内部整理编辑，第424页。

英商伦敦亚细亚火油有限公司转让 中华企业公司承让 财产契约附件

一、财产：

（一）房屋

上海延安东路1号办公大楼　　1幢

重庆南岸龙门浩普善巷6号办公处房屋　1幢

附注：1. 建筑物之地基及建筑物地基以外之土地全部属中华人民共和国所有。

2. 日后如发现造账时遗漏未列入之甲方所有的未被征用的在华办公处所的房产时，也应包括在转让范围之内。

（二）上述第一款所列建筑物内外之全部附属物、设备、陈设等。

（三）属于甲方的全部家具及办公用具（包括上述第一款所列建筑物内的经理住宅内的家具及办公用具）。

（四）汽车三辆。

（五）全部材物料、库存火油及杂物等。

（六）现金及银行存款人民币156845.65元。

（七）房屋储存修理费人民币226908.14元。

（八）应收账款（欠租及存出保证金）人民币4469.21元。

二、债务与义务：

（一）未付解放前已离职的职工顾作新（所知最后住址建国西路619弄16号）及陈永良（所知最后住址万航渡路72弄13号）两人的退休金折合人民币15156.95元。

（二）对48名在职职工的义务，48名在职职工的名单如下：

(略)[①]

依照新的清估精神，中方于1973年7月完成了对亚细亚火油有限公司的第二次清估。在第二次清估之前，中英关系已大大得到了改善。1953年7月，朝鲜停战协定签字，远东国际形势趋于缓和，这给中英关系的改善带来了契机。国际形势的缓和增加了英国政府及英商观望等待的希望，因为缓和的亚洲局势有利于英国的经济利益要求。1953年3月，英国商务部的一份报告指出：英国对华禁运损害了英国商界的利益，妨碍了英国商人与其他欧洲商人在中国市场上的竞争。报告为此建议英国政府放松对华贸易管制。[②] 据当时估计，如果中英关系趋于正常，中英两国年贸易额可达0.8亿—1亿英镑。[③] 国际形势的缓和加上现实利益的驱动使英国当局逐渐改变了对新中国的外交态度。1953年9月的英国的一次民意测验表明，有57%赞成联合国接纳中国，反对意见只占16%。[④] 正是在这样的背景之下，日内瓦会议期间，英国代表团与中国代表团进行了多次接触。经过艰苦谈判，两国外长于1954年6月17日就中英互派外交代表取得了协议并发表联合声明。双方互设代办处，至此，中英之间正式建立了代办级外交关系，标志着中英关系向前迈进了一步。随着国际形势进一步趋于缓和，中英升格大使级的谈判，

---

① 上海市档案馆、财政部财政科学研究所编：《上海外商档案史料汇编》(五)，1987年内部整理编辑，第460—461页。

② 陶文钊：《中美关系史》(1949—1972)，上海人民出版社1999年版，第121页。

③ 《世界知识》1954年第17期，第12页。

④ Brian Porter, *Britain and the Rise of Communist China, A study of British Attitudes 1945—1954*, Oxford press, 1967, p. 21.

到1972年3月13日签字生效，两国终于建立了全面外交关系。

考虑到国际关系趋于缓和及中英关系改善的需要，20世纪70年代初的再清估相比1955年清估，中方在资料收集更为详尽的情况下，好多方面也采取了宽松的清算方式。

石油采购供应站填报亚细亚火油有限公司清查核算资料①

（1973年7月）

基本情况

<table>
<tr><td colspan="6">简　况：
英商亚细亚火油有限公司是英国壳牌石油公司（Shell Petroleum Co.，Ltd.）的一个子公司，1907年开始设立华北亚细亚火油公司于上海，南华亚细亚火油公司于香港，此后陆续在各地设立分公司，经营石油产品的网点遍及全国城乡，与美商美孚及德士古两公司三分了我石油市场。抗战胜利后，北华与南华公司合并为亚细亚火油有限公司，中国地区的总公司设在上海。1951年4月30日我政府宣布征用亚细亚除其总公司和分支机构之办公处以外的全部财产，并征购其全部存油后，各地分支机构均相继歇业，只留上海办公处继继存在，直至1966年1月才将上海办公处房屋等财产转让给我中华企业公司，亚细亚在沪代理的英商白礼氏烛厂（Prices Candle Factory）资产也于1951年一并征用。</td></tr>
<tr><td rowspan="2">处理情况</td><td>方法</td><td>征用</td><td>日期</td><td>1951年4月30日</td><td></td></tr>
<tr><td colspan="5">根据上海市军事管制委员会（51）军办秘三字1566号命令</td></tr>
<tr><td>资　　本</td><td colspan="5">上海无独立资本，总公司资本英金200万镑，每股金额10英镑分20万股。</td></tr>
<tr><td>原企业曾提出交涉情况</td><td colspan="5">1951年6月21日原企业负责人贝载时（J. N. Bates）曾根据其总公司指示要求上海外事处转中央人民政府对征用财产予以补偿，并要求明确征用期限（意询何时发还）我未置答。此外，在1951年间对征购油料作价问题也多次提出异议，我未理。以后未再提出交涉。</td></tr>
</table>

① 上海市档案馆、财政部财政科学研究所编：《上海外商档案史料汇编》（五），1987年内部整理编辑，第444—446页。

资产负债总表

资产项目	金额		负债项目	金额	
	英镑	人民币		英镑	人民币
固定资产			隐匿敌伪财产		542034.30
减折旧后净值	1838054				
核　减土地等	-1180990		战前未了债务		579007.29
核算结果	675064	折合4096794			
			全部负债合计	折合179798	1121041.59
流动资产	折合79413	495142.85			
全部资产合计	736477	4591936.85	资产大于负债	556679	3470895.26

（续表）

资产项目	金额		负债项目	金额	
	英镑	人民币		英镑	人民币
合　计	736477	4591936.85	合计	736477	4591936.85

注：接管日折合率　1 英镑 = 人民币 6.235 元

固定资产核减明细表

单位：英镑

核减项目	账面净值	附注
土地（自有）	818109	土地为我国家所有
土地（租赁）	2136	土地为我国家所有
加油站土地（自有）	269971	土地为我国家所有
加油站土地（租赁）	2617	土地为我国家所有
香港资产	6915	我未征用
台湾资产	609	我未征用
重庆办公处房屋，家具办公用品等资产	676	原企业于 1966 年 1 月已转让给我有关部门
上海办公处房屋，家具办公用品等资产	8583	原企业于 1966 年 1 月已转让给我有关部门
上海高桥油栈#2 仓库	14100	高桥油栈#2 仓库于 1949 年 6 月 21 日被蒋匪飞机炸毁而账面未注销

（续表）

核减项目	账面净值	附注
上海高桥油栈已损坏废弃资产	7238	原企业“储远设备清册”中注明杨树浦油浅内码头3座，“大江”及#32、33、34驳船共4艘已破损，又经原企业职工秦志清等证实接管时另有“淮苏、赣西开明”三艘拖轮、2艘小登陆艇和“飞云”水上飞机加油船等亦已破损废弃，大处着眼以核减。
苏州、石家庄等地已毁坏资产	3472	原企业1965年10月“产业征用目录表”中注明已毁损房屋8处之净值
上海出售空压机、泵浦、记账机等	5247	原企业于1958年、1959年10月先后自行出售
青岛出售吴淞路25号房屋及家具设备等	1688	原企业于1959年自行出售
南京出售办公室家具设备等	201	原企业于1952年自行出售
汉口出售办公处、宿舍的家具、设备、小轿车等	1060	原企业于1952年、1953年先后自行出售
北京出售宿舍家具设备等	871	原企业于1952年自行出售
广州出售办公处家具、设备、小轿车等	750	原企业于1953年、1954年自行出售
房产中产权有严重问题（上海地区）	28129	原企业假借中国人名义购置之房产（详见假借中国人名义购置房产明细表）
房产中产权有严重问题（其他地区）	8618	原企业假借中国人名义购置之房产（详见假借中国人名义购置房产明细表）
合　计	1180990	

从表中可看出，这次清估和 1955 年的那次清估在计算方法上有所不同，所以两次得出的清估数字也有所不同。资产和负债是以英镑和人民币为单位统计出来的，另外，1955 年 2 月是以人民币旧币为单位统计出来的，这次清估是以人民币新币为单位统计出来的。此次清查核算资料所采用的原企业账表根据，与 1955 年对外清估资料基本相同，但在计算方法上有以下不同：

（一）关于固定资产及折旧问题。1955 年清估时是采用原企业 1950 年年底英镑固定资产原值及折旧累计账面数字为基础，不论各项资产实际接管时间早晚，一律补计自 1951 年 1 月 1 日起至 4 月 30 日止 4 个月之折旧。而这次清查我们采用了原企业同一账册记至 1965 年年底亚细亚转让前夕的固定资产英镑账面净值为基础。这一数字已扣除大部分固定资产迄 1951 年年底止的全年折旧以及少数 1951 年以后征用的资产迄实际接管日的折旧。我们认为目前计算方法比 1955 年方法更为简便有利。

另由于 1955 年以后发生原企业出售某些办公处资产、有些房屋陆续被我征用以及亚细亚上海与重庆二处办公处房屋最后于 1966 年转让等情况，均按实际情况予以增减。

（二）原企业在战前及抗日战争时期的债权债务问题，在 1955 年清估时是以债权债务两相轧抵后的债务余额作为负债计算的。这次清查，我们认为：既然不能证明债权、债务同属一人，两相轧抵的计算方法是不妥当的，故将欠人的债务全部列为负债。

关于战前未了债务的伪法币与人民币折算问题，因各客户存入时间账面无记载，1955 年对外清估时一律以 1941 年 12 月账面余额按《解放前银钱业未清偿存款给付办法》的 1941 年折算率计算。由于许多客户存入货款或保证金时间远在 1941 年前，故我们这次清查的处理方法是，凡原企业已将有关伪法币债务按一定比率折算为人民币列入账面的，一律采用账面人民币数字；其余伪法币债务，则按上述“未清偿存款给付办法”中 1937 年至 1941 年 5 年折算率的平均数折成人民币计算，至于部分伪华北储备券及伪中储券债务，因无折算率可循，则参照原企业 1951 年、1952 年偿还同样币制债务的平均比率计算。我们认为这样比较合理。

（三）1955 年清估资料中亚细亚尚有逃套汇应课罚金人民币 72413.83 元（亚细亚逃套外汇资料系在前上海外事处 1957 年 2 月 20 日沪会外绝密涉字第 5 号文中报送）这一违法行为发生时间均在 1949 年和 1950 年年初，距目前过久，而原企业办公处一直经营到 1966 年 1 月才转让，在这么长时间内我主管机关从未向该企业提出处理，转让时亦未提出。这次列入清查资料似欠妥当，故经与中国银行上海分行研究后认为这笔逃套汇罚金不列入这次清查范围。①

正是因为两次清估的计算方法不同，所以得出的统计数字就有出入。但就亚细亚火油公司而言，两次清估统计出来的结果都是资产数字大于负债数字。这次以英镑计为 556679.3，折合人民币为 3470895.26 元。但就 20 世纪 70 年代初的整体对英

① 上海市档案馆、财政部财政科学研究所编：《上海外商档案史料汇编》（五），1987 年内部整理编辑，第 458—459 页。

资的清估来看，9 户英商企业的资产为人民币 2383 万元，比 1955 年清估的资产数字减少了 500 万元，核算的负债为 2357 万元（未包括上海自来水公司的债务），核算结果资产负债基本相抵。[①]

① 上海市档案馆、财政部财政科学研究所编：《上海外商档案史料汇编》(二)，1987 年内部整理编辑，第 548 页。

第三章

美资情况：硬碰硬的较量

据统计，新中国成立前后，外资在华企业有 1700 多家，美资企业有 212 家，位居第二，仅次于英资企业（299 家）。在解放初期的上海 910 家外资企业中，美资企业有 166 家，占比 18.24%，职工人数为 13017 人，占比 25.28%，资产规模占比 40.67%。[①] 对这些规模较大的在华资本怎么处理，中美各有各的底线和政策。

一、监督利用 & 承认三原则

新中国成立前后中共对外国在华资本采取监督和利用政策。应该说，考虑到中国日趋明朗化的政治形势和美国在华的巨大资本利益，美国政府也在积极应付。1949 年 1 月，当国民党政府迁往广州时，美国大使司徒雷登则留在南京，试图同中共接触。在南京期间，南京市政府外国侨民事务处处长黄华多次会见了司徒雷登及其私人秘书傅泾波，双方就建交问题、经济贸

① 孙怀仁：《上海社会主义经济建设发展简史（1949—1985）》，上海人民出版社 1990 年版，第 15 页。

易问题、对苏联关系问题及撤走美军等问题进行了交谈。毛泽东在转达给司徒雷登的口信中明确表示“政治上必须严肃，经济上可以做生意”。[①] 在七届二中全会上，周恩来在报告中也认为，中国共产党的对美外交要做到“在政治上不排外，在军事上不挑衅，有理有利有节”，“在经济上，有买卖就做，国际贸易要开展，这是于双方都是有利的”。[②]

“政治上必须严肃，经济上可以做生意”给当时驻北京的美国总领事柯乐博予以信心和希望。他致信艾奇逊：“似乎有相当的理由相信，出于政治和经济两方面的原因，中共领导人真的希望得到美国的承认并建立正常的关系。”他认为，新中国成立后，中共的报刊很少刊登反美的文章。“(中共) 愿意在宣传方面做出让步也许预示着同样愿意在其他的更为实质性的问题上做出让步；停止刻薄的反美宣传将在事实上构成缓和双方关系的必要的积极的第一步。”[③] 他一度向美国政府建议：“我们应该向他们（中共领导人）表示：‘我们无意干涉内政，准备同他们在相互满意的基础上发展贸易关系，同时希望和新政权建立外交关系’。”[④]

但是，情况很快发生了变化。1949 年 5 月 13 日，艾奇逊在给司徒雷登的信中强调承认一个新政府应以以下三个因素为依据：1. 该政府事实上控制该国领土和行政机构，能维持公共秩

---

① 裴坚章主编：《中华人民共和国外交史》(1949—1956)，世界知识出版社 1994 年版，第 326 页。

② 周恩来：《周恩来选集》(上卷)，人民出版社 1980 年版，第 324 页。

③ 陈少铭：《新中国成立前后美国对中国共产党政策的演变》，《中共党史研究》2009 年第 2 期。

④ *FRUS*，1949，Vol. 9，pp. 1251—1252.

序；2. 该政府有能力并愿意履行其国际义务；3. 它的执政得到其国内人民的普遍认同。可以看出，艾奇逊的“承认三原则”具有明确的指向性。就是新中国要承认美国的在华既得利益，包括同国民党政府签订的一系列条约。艾奇逊承认原则中最本质的含义就是：“承认是否有望给美国带来最大的利益？”[①] 美国当局认为：承认是他们唯一的杠杆，一旦杠杆断了，一旦他们开始承认，他们就放弃了现在自己手中讨价还价的权利。为了部署“承认三原则”，美国当局一方面以经济援助为诱饵，引诱新中国就范。司徒雷登向新中国政府转答美国当局政策时，就表明美国承诺愿同新中国建立新关系；并说，美国已经停止援助蒋介石，不愿参与中国内战。他已建议美国政府将上海经济合作分署所存粮食、棉花等援助蒋介石的物资，待上海解放后即移交中共，以支援上海恢复生产。[②] 并且承诺可以一次性借给新中国政府 50 亿美元。另一方面，美国还极力威胁要求西方国家也不要急于承认新中国政府，组成所谓抵制承认新中国的“共同战线”，迫使新中国就范。“有必要再次强调北大西洋公约组织和英联邦国家结成联合阵线的愿望，迫使共产党在建立中央政府后，在承认问题上采取主动”。[③] 总之，所谓“承认三原则”的实质就是杜鲁门政府确实有意拒绝承认并企图孤立共产党新政权，但这只是迫使中国人遵守一些特定的“国际义务”的战术手段。如果这些义务获得（全面的或即使是部分的）遵

---

① *FRUS*，1949，Vol. 9，p. 22.

② 黄华：《南京解放初期我同司徒雷登的几次接触》，《新中国外交风云》第 1 辑，世界知识出版社，1996 年，第 26 页。

③ *FRUS*，1949，Vol. 9，pp. 24、25.

守，美国政府将非常可能通过承认北京而采取与鼓励中国的“铁托主义”的总目标相适应的政策。[①] 以“承认三原则”为指导，美国政府既不打算立即承认新中国政权，也不打算把其原驻华外交人员全部撤离中国，断绝同中国共产党的往来。实际上，美国仍然希望原驻华外交人员以半合法的身份在中国待下去，以便就近观察事态发展，并利用他们在中国的广泛联系施加影响，这对于达到美国的对华政策目标，无论是推翻新政权，还是在中苏之间打进楔子，都是很有用的。[②]

但是，美国的“承认三原则”同中共的“政治上必须严肃，经济上可以做生意”是相向对立的。这二者都是强调政治第一位，经济第二位，没有妥协的余地。冲突导致先前的短暂接触很快流产。所谓“政治上必须严肃”就是新中国成立前后奉行“另起炉灶”,“打扫干净房子再请客”原则，这与美国的“承认三原则”是格格不入的。很快，中国党和政府就开始强调：只要他们（美国等西方国家）一天不改变敌视我们的态度，我们就一天不给帝国主义国家在中国以合法的地位。1949 年 4 月 17 日，周恩来在《关于和平谈判的问题的报告》中谈道：“我们的立场仍然是独立自主，和平相待。美国国会在吵嚷承认不承认中国。其实，这有什么了不起！即使你承认我，我承认不承认你还尚待考虑。”[③] 新华社也改变了先前的论调，开始发表社论

① 陶文钊主编：《美国对华政策文件集（1949—1972）》第 1 卷（上），世界知识出版社 2003 年版，第 198 页。

② 陶文钊主编：《中美关系史》（1949—1972），上海人民出版社 1999 年版，第 3 页。

③ 周恩来：《周恩来选集》（上卷），人民出版社 1980 年版，第 323 页。

对美国政府进行抨击："凡是一个头脑清醒而有最低限度的推理能力的人，都不能不由此得到结论：美国政府是坚决地一贯地抱着侵略中国的目的"，"美帝国主义是中华民族与中国人民的不可调和的仇敌，这难道不是明明白白的事实吗？"[①] 不仅如此，中国共产党在行动上也采取了动作。1949 年 10 月，华德被拘押并被驱逐出境，在美国舆论界掀起一片喧嚣。1950 年 1 月，北京军官会宣布收回美国的兵营并限期要求美国从大陆撤走所有的官方人员。美国方面认为美国之所以至今不承认中国，是因为中国在对待他们的官方代表方面，没有遵守正常的国际行为准则。对于美方的新试探，中国一概不予理睬。[②] 在这种压力下，艾奇逊在记者招待会上表明立场，说夺占地产一事，使人们得出结论：中国共产党不要美国承认。[③]

毛泽东访苏期间，美国为了阻止中苏结盟，想出种种办法试图离间中苏关系。早在新中国成立前夕，美国就制定通过了其在远东的总战略。其中有一点就是："美国还要通过恰当的政治、心理和经济的渠道，利用中共与苏联之间、中共的斯大林分子和其他分子之间的一切嫌隙。"[④] 1949 年 12 月 16 日，毛泽东率领新中国代表团访问苏联。为了离间中苏关系，一方面，

---

① 中央档案馆编：《中共中央文件选集》第 18 册，中央党校出版社 1987 年版，第 551—554 页。

② 陶文钊主编：《中美关系史》（1949—1972），上海人民出版社 1999 年版，第 10 页。

③ ［美］邹谠：《美国在中国的失败：1941—1950》，王宁、周先进译，上海人民出版社 1997 年版，第 449 页。

④ 陶文钊主编：《中美关系史》（1949—1972），上海人民出版社 1999 年版，第 6 页。

1950年1月5日，美国总统杜鲁门就台湾问题发表声明，重申确认《开罗宣言》《波茨坦公告》关于台湾归还中国的条款，声明“目前美国无意在台湾获取特别权利或特权或建立军事基地。美国亦不拟使用武装部队干预其现在的局势。美国政府不拟遵循任何足以把美国卷入中国内争中的途径。”并表示美国不拟对在台湾的中国军队供给军事援助或提供意见。[①] 以此向中国伸出橄榄枝。与此同时，美国还通过媒体大肆渲染中苏之间的分歧。但新中国无论如何是接收不了美国所谓“承认三原则”，正因如此，所有的引诱和挑拨威胁都无济于事。源于中苏两国之间意识形态的关系，1950年2月14日，中苏两国最终签署了《中苏友好同盟互助条约》。美国的希望最终破灭了，中美关系开始走向完全对立。

政治上的对立传导到经济上。在监督和利用政策作用下，到1950年7月，在华外资企业有所减少，歇业为164家，其中美资企业就歇业82家，占了一半，主要原因是中美之间政治经济上硬碰硬的冲撞。中国政府对美资企业特别加以管制，以美国为首的西方国家对中国开始封锁和禁运，国际贸易停顿。以美对华出口为例：1948年美对华出口为2.734亿美元；1949年直线下降为0.826亿美元；1950年的头8个月，则只有0.33亿美元。[②] 到1950年7月，上海外商工商企业共684家，美商仅存123家，占全部的18%，[③] 由原来的第二位降至第三位。684

① 裴坚章主编：《中华人民共和国外交史》（1949—1956），世界知识出版社1994年版，第328页。

② 时殷弘：《敌对与冲突的由来》，南京大学出版社1995年版，第123页。

③ 上海市档案馆、财政部财政科学研究所编：《上海外商档案史料汇编》（七），1987年内部整理编辑，第1页。

家外商在上海所有资产总值共人民币1064161317378元。美国资产316208275000元，约占总资产的30%，[①]总资产还是排在第二位。123家美商中共雇佣职工13312人，其中中国籍职工有12773人占96%，外国籍的只有539人占4%。[②]

二、结局：在硬碰硬中式微

朝鲜战争爆发以后，以美国为首的西方资本主义国家加紧了对新中国的经济封锁，1950年12月3日，美国宣布对中国实行全面禁运，规定所有输往中国内地、香港、澳门的物资，不论是否为战略物资，一律纳入管制。1950年12月16日，美国宣布禁止一切在美国注册的船只驶入中国大陆港口，不准美国人到中国进行贸易和其他活动，管制中国在美国的公私财产，包括冻结中国在美国的存款和扣留中国在美国或在美国启运中的公私货物。1951年5月18日，美国再次操纵联合国大会通过对中国和朝鲜禁运的提案，12月26日，美国国会又通过巴特尔法案，规定接受美援的国家不得将战略物资运往中国，如果运往，美国即取消给它的军事、经济和财政援助，强迫更多的国家对中国实行禁运。

封锁政策没有给刚刚成立的新中国带来多大的惊吓。毛泽东在《别了，司徒雷登》一文中指出：封锁吧，封锁十年八年，

---

① 上海市档案馆、财政部财政科学研究所编：《上海外商档案史料汇编》（七），1987年内部整理编辑，第6页。

② 上海市档案馆、财政部财政科学研究所编：《上海外商档案史料汇编》（八），1987年内部整理编辑，第5页。

中国的一切问题都解决了。中国人死都不怕，还怕困难吗?[①] 英国临时代办胡阶生给英国外交部的电报说："美国对那种以高压和无礼方式剥夺其使用前军事建筑的权力的反应给中国人造成了什么惊吓，……中国政府发言人没表现任何沮丧，甚至也未感到突然!"[②] 对此，中国政府采取了报复措施，12 月 28 日颁布《关于管制美国在华财产、冻结美国在华存款的命令》，决定中华人民共和国境内之美国政府和美国企业的一切财产，均由当地人民政府加以管制并进行清查；中华人民共和国境内所有银行的一切公私存款，即行冻结。1951 年 5 月 15 日，中央又发出《关于处理美国在华财产的指示》，对美国在华企业、财产进行了军事管制。规定对美国企业财产处理原则是，凡是有关中国主权或与国计民生关系较大的企业，可予征用；关系较小或性质上征用者，可予代管；政府认为有需要者，可予征购；对一般企业，可加强管制，促其自行清理结束。但是管制并不等于征用和没收，美资企业被管制后，其资产和经营权仍属美国业主，中国政府仍允许它们中的大多数继续进行正当的生产和经营活动，并特别规定其他国家的大部分在华企业仍能独立自主经营。

在中央精神指导下，1950 年 12 月 30 日，华东军事管制委员会首先军管了美资上海电力公司和电话公司、沪西电力公司，分别组织临时管理委员会进行管理。随后被管制的美国企业还有：友邦银行、美国商业银行、德士古汽油公司、美孚火油公

① 《毛泽东选集》第 4 卷，人民出版社 1991 年版，第 1496 页。

② 爱德温 W. 马丁，姜中才译：《抉择与分歧——英美对共产党在中国的胜利的反应》，第 127 页。

司等115家。压力之下，从1950年7月到1952年10月，美商自动歇业了77家。到1952年10月份，美国在上海的企业仅存53家，而且这53家都在管制之中。到1952年年底，美商资产总值人民币38451亿元，已处理资产值37973亿元，占总值的99%。①

1953年6月召开的外事工作会议在总结经验的基础上确立了以下方针：（一）有计划、有步骤、有重点地清理帝国主义在中国的产业，而与其开展平等互利的贸易往来。（二）按照国籍、系统、行业等各种不同的具体情况，区别对待，个别处理，稳步前进。（三）密切结合国内外形势，根据有关国家对中国的态度、国内建设的需要与可能，以及外国产业本身的问题与意愿，按照有理、有利、有节的原则，采取多种处理方式。② 美资在华企业成为首先清理的重点。

随着改造高潮的到来，上海外事处加强了对残存的规模较大的工业企业和房地产公司的经济斗争。主要是：对工业企业加紧控制供产销，把加工改为订货，在原料中积压他们的资金，压缩生产任务，减少他们的收入；对房地产公司代管代修了大量危险房屋，压低租金，使其减少收入。通过这些手段，使其资金周转困难，进而积累了巨额债务。从而动摇了外资企业“待价而沽”的想法，使处理条件逐渐成熟。在改造高潮的声势下，外资企业内部各方面的压力加剧，1953年上海市全年对已管制但尚未进一步处理或申请歇业的美商企业，都已以促使歇

---

① 上海市档案馆、财政部财政科学研究所编：《上海外商档案史料汇编》（一），1987年内部整理编辑，第24页。

② 裴坚章主编：《中华人民共和国外交史》（1949—1956），世界知识出版社1994年版，第268页。

业、代管、收回等方式处理。美商中之工业、房地产业、贸易等业已全部或基本肃清。1953 年，上海市政府共处理美商企业 29 户，职工 875 人，资产人民币 311 亿元。① 到 1953 年年底，上海还剩外商企业 215 家，职工人数 10431 人，资产估值 11575 亿元。② 其中，美商还存 17 家，职工 492 人，资产总值 167 亿元。包括房地产 1 家，贸易 8 家，轮船仓库码头 1 家，其他 1 家。③

1954 年，上海市政府对已管制的美商，依旧在促使或批准歇业时，并以代管、征购、收购等方式处理其财产，价款冻结。以此为原则，1954 上海市政府共处理美资企业 9 家，职工人数 313 人。④ 到 1954 年年底，上海还存美商企业 8 家，职工人数 179 人。资产约 37 亿元。⑤

1955 年，上海外事处加强了对残存的规模较大的工业企业和房地产公司的经济斗争。主要是：对工业企业加紧控制供产销，把加工改为订货，在原料中积压他们的资金，压缩生产任务，减少他们的收入；对房地产公司代管代修了大量危险房屋，压低租金，使其减少收入。通过这些手段，使其资金周转困难，进而积累了巨额债务。从而动摇了外资企业“待价而沽”的想

---

① 上海市档案馆、财政部财政科学研究所编:《上海外商档案史料汇编》(一)，1987 年内部整理编辑，第 186 页。

② 上海市档案馆、财政部财政科学研究所编:《上海外商档案史料汇编》(一)，1987 年内部整理编辑，第 157 页。

③ 上海市档案馆、财政部财政科学研究所编:《上海外商档案史料汇编》(一)，1987 年内部整理编辑，第 185—187 页。

④ 上海市档案馆、财政部财政科学研究所编:《上海外商档案史料汇编》(一)，1987 年内部整理编辑，第 320 页。

⑤ 上海市档案馆、财政部财政科学研究所编:《上海外商档案史料汇编》(一)，1987 年内部整理编辑，第 326 页。

法，使处理条件逐渐成熟。1955 年，以“先出后进”的方式解决了 1950 年以来迄未解决的四家美商银行的清理问题，即大通、美国商业、花旗和友邦银行。其他 4 家企业促使和批准歇业。至此，美资在沪企业已全部清理完毕。

三、对美资企业的清估——以美孚公司为例

上海解放以后，166 家美资在沪企业大多是自行歇业的，用对价方式进行转让的为数很少，另外，大概有四五十家企业是用军管、征用、接管、代管等行政方式处理的。对以行政命令方式（如：征用、管制、代管等）处理的资本主义国家在华企业，必须进行对外清估。在中央一系列精神指导下，上海市政府自 1954 年冬季至 1956 年年初对 29 家美国美资企业进行了清估。

美孚公司 Standard Vacuum Oil Co. 是美商三大石油公司之一（另两家为中美火油股份有限公司和德士古（中国）股份有限公司，三大公司都在美国 Delaware 州注册）。美孚以“美孚”名义在我国营业自 19 世纪 90 年代始，但 1933 年才正式成立今日的“美孚公司”。美孚公司主要从事进口销售石油，制造盛油器皿，制烛。美孚股权 50%是由美国纽杰赛美孚行持有，另 50%由美孚行（Socony Vacuum Oil Co.）持有，合计美金 10000000 元。据公司报告，上述两行股权分散于世界各国。上海解放之初，当时美孚的董事长是 P. W. Parker，资本额为 10000000 美元，在沪负责人为 S. J. Bardens，当时在沪总职工数为 1565 人，其中包括华人 1529 人，外籍工人 36 人，在华分公司 36 家。解放

后的营业额为20500000000元（1949年6月至1950年5月）。1949年年底美孚上海公司自估，其在上海占地988022亩，机器设备3931373000元，合计人民币24527147000元。美孚听子间制听设备最高每天可出12000只，制桶最高每天1400只，修桶最高每天200只，洗桶800只，冲桶2000只。灌油最高每天轻柴油2000桶，厚柴油500桶。[①] 美孚公司在美国三大石油公司当中，无论资本规模还是职工人数规模都是数一数二的。

三大石油公司是美商在上海除三大公用事业以外的最大的企业。由于这三大公司经营的是工业及交通动力的石油进口及销售，是美国国内托拉斯的直系血统，它们的态度是仇视新中国的。上海解放以来，它们始而观望，继而企图局部紧缩，终于摊牌，决定结束过去独占性的销售规模，变为一个纯粹进口商。

1949年5月上海解放，以美孚为首的三大石油公司即向政府转达总公司的“意旨”表示愿意继续营业。但封锁一开始，美孚首先解雇了629个码头临时工。1949年9月份，配合美帝的“撤侨”，美孚、德士古企图撤走全部美籍人员，让所谓“华人委员会”的买办们来替他们看管企业。但是我政府未批准，于是留下了4个美人。接着就提出了解雇，德士古要解雇44%（840人），美孚40%（600人），政府因其骤然解雇大批职工未予批准。1950年“二·六”轰炸后，美孚又借口部分厂房炸毁，无法继续要求先解雇300人。政府表示可以和职工谈判减

① 上海市档案馆、财政部财政科学研究所编：《上海外商档案史料汇编》(八)，1987年内部整理编辑，第81—85页。

薪。减薪谈判失败，七月间政府接管了前经合署美援油料，紧接着德士古和美孚（和英商亚细亚同时）重新提出解雇，并明白表示将“改组”为纯粹进口商，这时美国和香港都已经宣布禁运石油了。

经过累月谈判，德士克首先于11月底获致协议，解雇1600人，保留360人。美孚可望于12月底达成协议解雇1200人，保留300人。

在谈判解雇期间，资方曾一再借口筹集解雇费用企图大量出售器材设备以期破坏企业之完整，均经我政府及时予以制止。①

朝鲜战争爆发后，美国对新中国采取敌视态度，管制中国在美国的公私财产，包括冻结中国在美国的存款和扣留中国在美国或在美国启运中的公私货物。作为报复，新中国颁布了《关于管制美国在华财产、冻结美国在华存款的命令》，决定中华人民共和国境内之美国政府和美国企业的一切财产，均由当地人民政府加以管制并进行清查；中华人民共和国境内所有银行的一切公私存款，即行冻结；对美国在华企业、财产进行了军事管制。美孚公司就是众多被军管的企业之一，1951年7月18日，上海市军事管制委员会对美孚公司在军事管制的基础上宣布征用。既然是用行政命令征用的企业，就需要进行资产清估，以备外事所需。在中央一再强调和指示下，1952年12月31日，华东行政委员会财经委员会主任曾山签署通知，要求对沪

---

① 上海市档案馆、财政部财政科学研究所编：《上海外商档案史料汇编》（八），1987年内部整理编辑，第87页。

征用或代管的 15 家外资企业进行资产清估。美孚公司清估工作于 1955 年 10 月完成。清估情况如下：

原企业简况及处理经过①

<table>
<tr><td rowspan="2">原企业名称</td><td colspan="2">中文：美孚公司</td><td colspan="2">资本额：美金 1000 万元</td><td>分股：每股金额（不详）</td></tr>
<tr><td colspan="2">原文：STANDARD—VACUUM OIL. CO.</td><td colspan="2">股东国籍：美国</td><td></td></tr>
<tr><td colspan="6">企业简况：原企业设于 1933 年，总公司在美国，前在我国设有上海、天津、沈阳、汉口及广州等五个分公司，下又设有支公司及经销处，解放前上海、天津、沈阳及汉口四个地区统称华北分公司，归上海分公司管辖，广州地区称华南分公司，归香港公司管辖，广州解放后也归上海分公司管辖，原企业股权 50% 由美国纽杰赛美孚行持有，另 50% 由美孚（SOCONY VACUUM OIL CO.）持有，合计美金 10000000 元。原企业主要业务为进口石油产品及经销“阿脱拉司”汽车及航空运输工具等零件等等。解放后原企业先经军管后宣布征用财产征购油料，征用范围不包括现金、银行存款及各项流动账款，公司业务及债权债务等仍由企业负责人负责料理，但继续受我管制，上海公司于 1953 年 2 月批准歇业，各地分支公司亦相继歇业。</td></tr>
<tr><td colspan="3">处理方式：征用办公室以外资产　征购油料（上海）</td><td colspan="3">处理日期：1951 年 7 月 18 日（上海）</td></tr>
<tr><td colspan="6">处理命令：上海市军事管制委员会发军办秘（51）密十三字第 779 号命令</td></tr>
<tr><td colspan="3">接管单位：上海美孚接管单位为华东军区后勤油料部其他各地美孚大部分亦为军事部门接管</td><td colspan="3">军事代表：王益华（上海）</td></tr>
<tr><td colspan="3">现在领导单位：同上</td><td colspan="3">现在企业名称：并入军事系统</td></tr>
<tr><td colspan="3">办理移交清册日期：1951 年 12 月（上海）</td><td colspan="3">原企业移交人：巴登斯（S. J. BARDENS 上海）</td></tr>
<tr><td colspan="6">处理后原企业是否提出交涉及交涉情况：未</td></tr>
</table>

① 市档案馆、财政部财政科学研究所编：《上海外商档案史料汇编》（三），1987 年内部整理编辑，第 638—639 页。

资产

单位：旧人民币元

资产项目	对外清估数字		参考数字		
	（一）	（二）	对内清估数字	原企业内部 1951. 6. 30 外资资产负债表数字	原企业内部外币资产负债数字
固定资产余值	11378719600	76873937600	19 处资产合计 68477893270	US $ 8160754. 67	US $ 8160754. 67
流动资产—原料及供应品价值	5900846000	58484075700		3265171. 31	3265171. 31
合计	17279565600	135358013300	68477893270	US $ 11425925. 98	US $ 11425925. 98

负　　债

单位：旧人民币元

负债项目	对外清估数字	
	（一）	（二）
上海查出部分		
逃套外汇应课罚金	3746730000	3746730000
隐匿敌伪财产	140669800	1333070200
战前未了账款	306010281	2899935709
外地报来部分		
积欠国家税款	712059000	712059000
合　　计	4905469081	8691794909

从资产表中可以看出，美孚公司总体资产和负债情况是在固定资产明细（按地区和财产类别清估）和积欠国家税款明细（按外地和上海本地清估）基础上统计出来的。从资产一栏中可看出“对外清估”和“对内清估”统计差距较大。以 1949 年 8 月 31 日的外币牌价，即“八底数字”为基础统计出的数字为 17279565600 元，以接管时的 1951 年 6 月 30 日外币牌价为基础统计出的数字为 135358013300 元，而“对内清估”统计出的数字为 68477893270 元。对内清估出来的 19 处资产分别是：

1. 上海：华东军区后勤油料部上海油料管理处接管部分

房屋及建筑物	¥4116098800
储油设备	7378750544
交通运输工具	1815316000

机器设备	3558250442
材料及工具	28273893319
家具器具及消防	607207686
总计	45749516791

2. 上海：中国石油公司上海采购供应站接管部分

土地	3444200000
房屋设备	665102481
建筑物	408158000
机器及设备	607668545
工具及生产用器具	22501168
总计	5147630194

3. 上海：上海市房地产管理局接管部分

房屋	7596600000
家具及其他设备	705432000
总计	8302032000

4. 华东军区后勤油料部接管部分

总计	301276900

5. 南京油库接管部分

总计	526987192

6. 第四通讯团接管部分

总计	28548500

7. 浙江军区后勤部接管部分

总计	216102900

8. 山东军区后勤部接管部分

总计	29900000

9. 福建军区后勤部接管部分

总计 138243000

10. 山东省（包括益都、淄川、威海市、济南、烟台）接管部分

总计 964995600

11. 四川省重庆市

总计 2428929793

12. 河南省（包括郑州、巩县）接管部分

总计 347856500

13. 湖南省（包括津市、常德、长沙、湘潭、岳阳、湘阴、益阳、衡阳）接管部分

总计 2292711000

14. 营口市接管部分

总计 122534000

15. 辽阳市接管部分

总计 170959000

16. 抚顺市接管部分

总计 145110000

17. 沈阳市接管部分

总计 1090679000

18. 昆明市接管部分

总计 176880900

19. 云南省蒙自市接管部分

总计 300000000

十九处资产合计　　　　　　　　　　　¥68477893270[①]

第一种对外清估的数字要比对内清估的数字小得多，之所以出现这种较大差距，是因为中央要求"'对外清估'必须与'对内清估'严格区别，掌握合法合理，有凭有据的精神，设法缩小资产，扩大负债"。[②] 当时上海市政府也内部承认：本表系根据上海及外地已报来之材料汇总编制。由于各地报来资料不全，内估办法又不一致，故该数字不能反映财产实际价值。华东军区后勤油料部上海油料管理处所接管的财产系美孚公司在上海的大部分财产，其内估数字偏低与实际财产价值出入颇大。其估价办法如下：

1. 固定资产内估时系以原企业1951年3月清点清册所列美金原值为基础，然后根据接管当时各项固定资产的大致新旧程度作出美金余值，再将此美金余值按20000元折成人民币，又视各项固定资产之情况再压缩60%左右。

2. 原材料凡市上可购得者，按一般市价打对折。凡市上不能购得者，则以原账面美金价格按20000元折成人民币，再打对折。[③]

但是第二种清估出来的数字要比对内清估的数字大得多，几乎是它的两倍，之所以出现这种情况，可能是外汇牌价涨幅的原因。如果以第二种对外清估数字为依据，显然对中方不利。

---

① 上海市档案馆、财政部财政科学研究所编：《上海外商档案史料汇编》(三)，1987年内部整理编辑，第677—679页。

② 上海市档案馆、财政部财政科学研究所编：《上海外商档案史料汇编》(一)，1987年内部整理编辑，第383页。

③ 上海市档案馆、财政部财政科学研究所编：《上海外商档案史料汇编》(三)，1987年内部整理编辑，第679—680页。

另外，以两种方法统计出来的资产和负债，都显示清估出来的资产远大于负债，以 1949 年 8 月 31 日的外币牌价，即“八底数字”为基础统计出的资产数字为 17279565600 元，而负债数字为 4905469081 元。以接管时的 1951 年 6 月外币牌价为基础统计出的资产数字为 135358013300 元，而负债为 8691794909 元。但整体上美商的负债是大于资产数字的，29 家美国美资企业共值人民币 346566706 元。① 对外清估的结果，不论是以 1949 年 8 月 31 日的外汇牌价为基础的清估数字，还是以接管日的外汇牌价为基础的清估数字，美商清估负债大于资产分别是 1329014 元和 34733849 元。② 这表明对外清估总体上是负债大于资产，但是具体到每个企业就有所不同。

对于固定资产（包括剔除部分）的清估主要遵循了以下原则：③

（一）原企业在我国各地全部征用财产的对外清估工作现由上海统一进行。现分别根据原企业账面按地区与财产类别汇总编制原企业固定资产（包括剔除部分）明细表。原企业广州地区分公司解放前曾归香港管辖，上海无资料，前曾请广东外事处设法搜集，但接收函显示该处亦无账面资料，故本表所列固定资产未包括广州地区财产在内（广州将来如根据其他资料送报表来，当另行上报）。

① 上海市档案馆、财政部财政科学研究所编：《上海外商档案史料汇编》（二），1987 年内部整理编辑，第 2 页。

② 上海市档案馆、财政部财政科学研究所编：《上海外商档案史料汇编》（二），1987 年内部整理编辑，第 2 页。

③ 上海市档案馆、财政部财政科学研究所编：《上海外商档案史料汇编》（三），1987 年内部整理编辑，第 640—645 页。

（二）原企业在全国设有五个分公司，下又设支公司及经销处，各分公司包括的地方如下：

1. 上海分公司包括上海、昆山、杭州、嘉兴、绍兴、硖石、苏州、常州、无锡、屯溪、常熟、宁波、温州、余姚、南京、镇江、海安、兴化、淮安府、如皋、宿迁、泰州、清江浦、通州、东台、盐城、六合、明光，蚌埠、浦口、芜湖、高淳、建平、南陵县、宁国府、太平、枞阳镇、运漕、安庆、石牌镇、拓皋、合肥、青岛、烟台、济南、周村、黄台桥、洛口、博山、济宁、高密、新浦镇、青州府。

2. 汉口分公司包括汉口、长江埠、岳阳、城陵矶、黄陂、广水、孝感、仙桃镇、新提、团风、鄂城、武穴、岳家口、老河口、宜都、武昌、兴国州、新郑、长沙、常德、衡阳、衡山、渌口、湘潭、湘阴、益阳、郑州、河南府、章县、开封、西安、九江、樟树、河口、赣县、吉安、景德镇、牯岭、临川、乐平、南昌、鄱阳、涂家埠、安仁、宜昌、沙市、津市、重庆、泸县、莱县、叙府。

3. 天津分公司包括天津、北京、唐山、廊坊、枕头、TUNGCHANG SHOW、太原、榆次、保定、张家口、柴口堡、新保安、大同、新乡、彰德。

4. 沈阳分公司包括沈阳、安东、长春、抚顺、KAIYUAN、吉林、公主岭、辽阳、牛庄、本溪、四平街、铁岭、新民。

5. 广州分公司：缺。

（三）原企业在上海地区财产的征用日期为1951年7月18日，但因原企业全国各地分支公司及经销处的征用日期不一，现为便于计算，一律以1951年6月30日作为原企业的接管日，以该日的账面资产作为对外清估的依据。

（四）原企业“固定资产”系纽约总公司资产，仅设原值记录，并无账，故无折旧累计数，当资产发生增减时即转入纽约账。此项记录包括投入生产年限、美金原值、折旧率等，凡太平洋战争爆发前投入生产的财产，由于在战争期间曾遭受损失，故在战后重行入账时价值大部均大大降低，记录中只注明美金价值，解放后并不折成人民币入账；只有战后投入生产的财产才在上海解放后，于 1949 年 5 月 31 日由上海将各地分支公司固定资产美金原值按照各地当日牌价（上海 1800 元，南京 1500 元，汉口 1550 元，天津及沈阳 1200 元）折成人民币入账，之后并未调整过。服务站、航空服务站投资设备，系中国地区资产，它们和未完成建筑等三项均设有账册，不论战前或战后投入生产之财产，一律均按上述日期及牌价折成人民币，以后亦未再调整。此次清估，时不论战前或战后资产，一律将原企业迄 1949 年 8 月 31 日止，固定资产美金原值依照税局规定按 1949 年 8 月 31 日美金牌价 2350 元折成人民币，作为“对外清估数字（一）之根据，另按 1951 年 6 月 30 日美金牌价 22270 元折成人民币，作为“对外清估数字（二）之根据”（所谓迄 1949 年 8 月 31 日止资产系从接管日美金数字减去自 1949 年 9 月以后增加数字而得，1949 年 9 月以后减少数因系减少以前资产，为使计算清估（一）（二）数字精确起见，均已于 1949 年 8 月 31 日资产数字中减去）。

（五）1949 年 9 月 1 日至接管日固定资产增加数系原企业以人民币购进之数，均自账面人民币数字汇总抄列。

（六）关于折旧准备：

1. 原企业除服务站设备及航空服务站设备另设折旧账户有折旧累计数字外，其他固定资产之折旧准备累计数字均无现成数字。按解放前原企业纽约总公司每半年按固定资产原值先摊提好折旧数字，再寄至上海分摊入有关账户，而转账传票已于解放前由原企业全部转运香港，故无法汇总原提之数字。现按原企业自定之折旧率重新计算之。

2. 原企业纽约总公司及中国地区所有之汽车及油罐车系按平均折旧率每半年10%按原值摊提外，其余均系以每半年为一期，按余值根据下列折旧率递减计算。计：房屋、机器设备、工具及码头等为3.75%，船舶及设备为5%及10%，二种油槽车为3.75%，自行车为4.5%，办公用具及家具为7.5%，服务站及航空服务站投资设备15%，凡本期投入生产之资产下期起计算折旧。

3. 凡太平洋战争前购进之资产，在战争期间遭受日寇占用及损坏者，战后原企业于1946年重新入账时除按美金原值入账外，并不考虑实际使用年数，而系按损坏程度定出一特殊折旧率（一般均占原值90%以上，据闻系原企业企图扩大对日清算战时损失所致）以计算该项资产从投入生产日起至1945年底止的折旧，之后即以余值按照递减折旧提存折旧。例如：上海分公司有一项战争前购置的房屋、机器设备等资产，原值美金853385.91元。原企业在1946年入账时将此项资产之特殊折旧率定为89.0852%，因而迄1945年底止折旧累计数字达美金760240.56元，余值仅达美金93145.37元。此项资产在1946年重新投入生产，其后之折旧即以余值美金93145.37元，按照递减折旧率摊提，此段时间内应提折旧美金31967.49元。因之，此项资产从战前投入生产起直至接管日止的折旧累计数应为美金 792208.05 元。被日寇占用的其他资产的折旧也是按照此种方法计算的。故这类资产迄接管日止折旧累计数字极大。

4. 少数未被日寇侵占的战前资产及战后投入生产的资产，其折旧系按资产原值根据使用年限按照递减折旧率计算的（汽车及油罐车根据平均法）。

5. 解放后以人民币购进资产的折旧亦系按人民币原值，按照上述方法计算。

（七）未完成建筑（拨款数）系原企业拨款兴建之在建工程，其中美金 117708.14 元，系 1947 年原企业预付丹麦商康益洋行伪法币 11806931000 元，用作修建浦东油栈、码头工程之预付款。当时原企业在外币账册上系按付款日外币牌价折成美金 210795.48 元入账，后原企业又以付款日美金黑市价格将此预付款调整为美金 117708.14 元。此项工程迄接管日并未动工，征用时亦一并由我向康益交涉偿还现款，现已经法院判决康益应按解放前存款办法偿还我人民币 5431188300 元。此处仍按账面美金数折合成二套人民币数字照列。其余人民币 182116100 元均系 1949 年 9 月以后未完成建筑数，内除人民币 56356000 元按照原企业制度应列作费用，现从原账面数剔除外，余数照列。

（八）本表所列之敌产原企业已按名义价值每项敌产美金 1 元入账，故自原账面数剔除，并将按上述办法计算之折旧冲转。

（九）原企业租地及租屋内有武康路 198 号房屋一幢，系原企业负责人陈皎峰居住，我未征用，计预付租金美金 12779.54 元，应自原账面数剔除，并将已提之折旧（即已摊提之租期）冲转。

（十）账册与清册差额：原企业除原有固定资产账册外，上海及天津于军管后在1951年3月曾编有固定资产清点清册向军管专员报告，清册中各项资产之美金原值，系自原有固定资产账册填列。兹将清册与账册总数核对后，发现清册数字较账册为小，由于排列次序不同无法逐一核对，看来因账册时间较久，清册距今时间较近，可以认为账册中有记载，而上海及天津清册中没有的资产，我当未曾接管，现原企业既在账面中列入，我应予剔除。计美金220117.83元，并将已摊提之折旧冲转。

（十一）按原企业除表列各项固定资产外，账面并有有价证券即江宁公寓股票26530股，占江宁公寓全部股权47.8%（另52.2%为英商卜内门公司所有），账面价值为美金224575.38元，旧人民币为404235600元。由于江宁公寓已作为外商房地产对外清估单位之一，另作对外清估资料。兹为避免重复，此处不列入对外清估数字中。

（十二）除上述固定资产外，原企业尚有坐落在上海宛平路17号住宅一幢已被征用。经查此项资产系由原企业纽约总公司付款美金3万元购入，但由于上述财产产权问题未解决（伪政府不准过户），在上海固定资产账册中并无记载，故此次对外清估数字内并未包括此项资产在内。另原企业又有轮船六艘余值美金11712.23元，系勾结买办以利通顺（华商）名义出面非法经营内河航运用，此项财产已被征用，由于原企业未入账，此处亦不列入对外清估资料。

关于负债部分的清估主要包括了以下几个部分：

（一）逃套外汇应课罚金3746730000元（旧人民币）。“五反”运动中原企业职工检举原企业有严重逃套外汇行为，并经上海市军管会金融处调查属实。原企业代总理经理陈皎峰乃被迫承认套出套进美金 494216.06 元、港币 60 元、澳镑 2040 元。此遂移送上海市人民法院处理，法院曾两次传讯该代总经理，并于 1953 年 9 月 22 日当庭判决原企业逃套外汇处罚金 5846730000 元。罚金计算方法系将原企业套出套进的各项外币按照判决当时外币牌价（美金 23430 元，港币 4270 元，澳镑 55750 元）共折成 11693468486 元，并按此人民币总数处以 50% 罚金计 5846730000 元。判决后，原企业并未上诉，判决就此成立。1953 年原企业曾分批缴纳了一部分罚金 2100000000 元，余款由于原企业在沪存款即将告罄，迄未付清。[①]

附：上海市人民法院刑事判决

1955 年市刑字第 1681 号

案由：扰乱金融

被告：美商美孚火油公司　设上海华山路 1720 号

代理人：陈皎峰，男 46 岁，镇江人，美孚火油公司代总经理，住武康路 198 号

查被告美孚油公司于本市解放后一贯将应收之货款账款转由国外收受，并在国外代付各项账款货款，共计逃套外汇达美金 494216.06 元，澳镑 2040 元，港币 60 元，严重地违反中华人民共和国华东区外汇管理暂行办法第 12 条之规定，应予惩罚，根据被告犯罪情节，本院判决如下：

被告美商美孚火油公司逃套外汇处罚金人民币

---

① 上海市档案馆、财政部财政科学研究所编：《上海外商档案史料汇编》（三），1987 年内部整理编辑，第 652 页。

5846730000 元。

1953 年 11 月 26 日

审判员：庞兴仁

如不服本判决应在收到本判决的次日起十日内向本院提出申请上诉。

本件证明与原本无异

书记员　全家基[①]

（二）隐匿敌伪财产部分。日本战败后，遗留在上海有大批的敌伪财产，这些财产被美孚公司所占用并隐匿。这些日寇遗留资财，确非美孚公司原有物资，这部分资材，在“五反”运动中被原企业职工揭发，美孚企业负责人也被迫承认并列为企业债务。隐匿敌伪财产包括：1. 敌产赔款部分，以两种计算方式清估出来的数字为 119305900 元（旧人民币）和 1130613600 元（旧人民币）。[②] 2. 敌产使用费部分。日寇投降后，美孚公司将日寇遗留在全国各地的油栈之建筑物，油池管线设备、机器设备、消防设备、交通运输工具、家具及办公用品等大量资财隐匿使用，并将部分资产按每件美金 1 美元的名义价值列入原企业资产账上，以抵补战事损失。1952 年 10 月 28 日，美孚企业代总经理陈皎峰被迫签字坦白承认列为企业负债。3. 战前未了账款。美孚公司在太平洋战事发生前，曾收受客户订购油料款项及经销商存入保证金等为数甚巨，除有个别在原企业抗日

① 上海市档案馆、财政部财政科学研究所编：《上海外商档案史料汇编》（三），1987 年内部整理编辑，第 654 页。

② 上海市档案馆、财政部财政科学研究所编：《上海外商档案史料汇编》（三），1987 年内部整理编辑，第 655 页。

胜利后经交涉偿还外，尚有大部迄未了结，其主要原因在于当时币值和战后汇率折算等问题未获协议，以致拖延不决。但原企业自抗日胜利迄解放时为止，对该项债务之清偿借故推托，继而将账面以及试算表上之负债记录如数抹去。后在原企业歇业清理期间，各债权人纷纷持件要求清偿，由于当时已无现金，只能进行登记，列为企业债务。战前未了账款计分日商、敌伪、华商、外商、个人及其他等六类，按 1949 年 8 月底及接管日牌价折成人民币列为对外清估数字，分别为 306010281 元和 2899935709 元。[①]

（三）对华籍资方代理人的未了义务。美孚公司在上海及广州二地，于 1952 年后，委有华籍代理人 8 人（上海陈皎峰及广州邓汉生等 7 人），其主要职务为办理该公司上述地区的歇业清理工作，至 1953 年 7 月后相继歇业完毕，除了广州地区（邓汉生等 7 人）在料理一般职工义务时，曾给予邓等 7 人生活费 6 个月薪金外，其他劳积金、解雇金、通知费及回乡费等都未支付，陈皎峰则根本未拿过钱。上海及广州资方代理人未拿到或未拿足钱的原因，是我们军管方面考虑此系资方与资方间之问题，应由国外汇款来中国解决，不应在原企业国内存款中支取，后国外未曾汇款，故他们的钱亦未拿到。按陈等在原企业服务已 20 余年，在当代理人以前即为高级职员，按原企业以往待遇凡年满 55 岁者，在告退时每月支取约合当时月薪之 40%—50%的养老金，直至死亡时为止，但在中途辞退者则一次给予

① 上海市档案馆、财政部财政科学研究所编：《上海外商档案史料汇编》(三)，1987 年内部整理编辑，第 661 页。

劳积金，其代理人名义是否较上述待遇更为优惠，尚难断定，现将陈等 8 人按中途辞退标准之未了义务，合计人民币 2218956583 元。①

（四）美孚抗战前在我国内地各地常常以中国名义购置土地，“五反”运动中职工检举材料很多，当时我未处理。由于原企业一切征用土地均认为收归国有，并在此项对外清估时从资产数字中剔除，故此一问题可不追究。

（五）上海美孚解放前向中国人杨才清买受华山路 1720 号土地及房屋，解放前已经伪地政局批准，但产价并未给付，解放后分别由上海美孚于 1949 年及 1950 年付给产价人民币 2082500000 元。按 1951 年 10 月上海市人民政府《契税暂行条例》凡解放后房地产买卖其契证均应按产价 6%课契税，原企业因不明确究否应算解放前或解放后买卖行为，曾于 1951 年 10 月向前地政局询问，后地政局未置答，此事遂拖延下来。倘作为解放后买卖应缴契税 124950000 元。②

（六）美孚上海之外的分公司积欠国家税款 712059000 元。这主要包括以下几个方面：

1. 汉口及长沙所得税问题：汉口美孚公司解放后以会计不独立为理由，获得我同意按营业额协议毛利率 40%作为所得额计征所得税。后发现汉口的由上海公司供给的到岸价格毛利损益表上有销货成本及销货费用的美金数字。湖北外事处乃将上

① 上海市档案馆、财政部财政科学研究所编：《上海外商档案史料汇编》（三），1987 年内部整理编辑，第 668 页。

② 上海市档案馆、财政部财政科学研究所编：《上海外商档案史料汇编》（三），1987 年内部整理编辑，第 669 页。

述美金数字根据清估资产原则按 1949 年 10 月 1 日牌价 3910 折成人民币，与汉口美孚的实际销货额比较，由于销货额系按市价或征购价计算，成本及费用之人民币数字系按偏低之美金牌价折合，故形成销货毛利 1950 年高达 92.4%，1951 年高达 83.1%。其 40%之差额即作为偷漏所得额，补所得税（按协议达成之毛利率 40%系根据美孚提供的美金成本按 22490—32997 元折合）计 1950 年偷漏所得额 7115139344 元，1951 年 1633499271 元，按 34.5%课税及税额 10%附加，共计偷漏税 3320108300 元。

湖南长沙所得税亦按营业额毛利率 40%作为所得额课税。湖北外事处亦以上述办法确定 1950 年毛利率为 92.4%，1951 年为 83.1%补税，共计偷漏所得税 1843116400 元。

由于此项偷漏税行为之成立主要系将销货成本美金数字按 1949 年 10 月 1 日牌价折成人民币作为销货成本之故，而汉口或长沙在解放后均无一律按 1949 年 10 月 1 日牌价之法令公布，理由牵强，且长沙比照汉口恐也不当，故列为后备资料。

2. 1950 年 3 月 24 日汉口美孚通知长沙分公司拨与汉口分公司存油 1446 桶计值旧人民币 3182000000 元，未作长沙销货，采用内部转账方式处理，而长沙与汉口之间的分支机构关系并未呈报我税局批准，因之湖北外事处认为应以以上数字作为营业额按 2.5%的营业税率和附加 8%追补营业税款旧人民币 85914000 元。

由于此次清估系以全国统一清估，将来对外交涉亦不便分开，势必承认其各地分支机构关系，此处若予否认恐与清估有矛盾，故列为后备。

3. 天津未了合同：天津美孚解放前曾与伪国民党政府中央信托局签订之第 8027 号购油合同。据 1948 年各月份月报（MONTHLY REPORT CONTRACT P—16 JOB 8027 WITH CENTRAL TRUST FORC. AF. H，TIENTSIN）记载油料尚未缴齐，计天津三项按合同规定合美金 1863281 元，秦皇岛五项合美金 50505 元。但天津美孚究竟欠付油料多少，伪政府曾否付清货款，结果如何，原来天津请上海代查，后上海未能查悉，故列为后备资料。

4. 营口市房地产税：营口市美孚有房屋，但美孚账面没有记录，故未列入对外清估资产，由此资产产生之负债此处亦不列为对外清估负债，径列作后备。计：

房产税（1950 年下半年）　7352000 元（房屋共值 122534000 元按年税率 1.2%计算半年。）

滞纳金（1950 年 8 月 1 日至 1951 年 6 月 30 日）

24555680 元（每日 1%）

5. 对职工未了义务：美孚在太平洋战争时期被日寇侵占，职工在战争期间尚未拿到工资，战后复员时美孚对战前职工均发了复员金（约相当于 2、3 个月薪水）解决，解放后各地职工解雇时战争时期工龄均未计算。1953 年时汉口美孚公司张海亭等 9 人曾去函美孚要求补发战争期间 4 年薪金及年终双薪，后被拒绝，湖北外事处认为应补发解雇费（可能系加算 4 年劳积金）166730152 元，由于解放后解雇劳资双方均曾有过协议，不便推翻，此处径列为后备。

美孚长沙及湘阴有何志修等 6 个工人在太平洋战争期间曾

为美孚看守财产，湖北外事处资料中提出美孚在抗战胜利后少发 19 个月工资，补算工资人民币共 76197600 元。何曾于 1951 年 6 月向法院起诉，当时法院由于美孚已被征用故劝说何撤回，此处径列作后备资料。

6. 辽宁省抚顺、沈阳、营口、辽阳及云南省昆明及蒙白均提出接管后房屋之保险费、修缮费等列为负债，由于这均是接管后的负债不应由原企业负担，故此处不列。

7. 湖北外事处送来资料内载汉口美孚周家口行【经】纪人祥记号孙秉钧战前存美孚押柜金及账款余额共合美金 571.63 元，持有收据为凭。据谓由于祥记本身股东间闹纠纷迄未解决，但我在上海美孚未了账款清单上未发现此项记录，故列作后备资料。

另福建省人民委员会供给资料谓诏安县合丰号何汝汉战前代销美孚煤油至 1941 年结存美孚伪法币 2998.55 元，并有收据为凭。由于福建美孚系归广州管辖，上海无资料可供核对，故径列作后备资料。

8. 美孚公司除接受各地经销商保证金外，战前对某些经销商并接受实物作为担保品，如股票、房地契等（包括经销商购买的美孚公司股票），此项担保品均已于解放前由上海美孚公司寄往香港并由香港转纽约花旗银行保管，解放前结束经销关系时曾归还过一部分，但仍有一部分未归还，由于上海无记载，亦未折成现金记账，故未归还之担保品之项目、数量及价值均不清楚，估计数字不大，径列作参考。

湖北省外事处送来资料中，提出西平益大号存牯岭地契一纸，河溶慎大许廷阳存南洋兄弟烟草公司股票 50 股，两者均由汉口美孚于1952年结束前后出具遗失证明书了事。另有孔垅吴尚达存地契14纸，湘阴4纸，靖港1纸，常德代理人存美孚股票800股，长沙代理人存美孚股票71股均未退还，下文不明。[①]

1955年对美孚公司的清估，由于广州地区和天津地区清估资料没有收齐，所以1955年10月的清估单上不包括广州和天津地区的数字。广州地区1956年5月完成了本地区的清估，天津地区7月完成了本地区的清估，情况如下：

美孚公司广州地区（缺海口、高要二地）对外清理估价资料

1956年5月　　单位：旧人民币元

资产项目	对外清估数字		参考	数字
	（一）	（二）	对内清估数字	原企业内部外币资产负债表数字
固定资产余值	2210621819	18241308590		
流动及其他资产价值				
合　计	2210621819	18241308590		

美孚广州各地区分公司资产大多被中南军区海军接管，少数被各地的财政系统接管。清估的资产包括由中南军区海军和各地财政系统接管的美孚广州、汕头、江门、湛江、揭阳等地的油库、码头、建筑房屋和加油站等。由于海口、高要这两个地方清估资料没有收齐，故这次不在清估之列。

① 上海市档案馆、财政部财政科学研究所编：《上海外商档案史料汇编》（三），1987年内部整理编辑，第674—677页。

至于美孚广州公司的负债清估，由于原企业在广州的全部职工，在解放后陆续被解雇，故无职工未了义务。原企业在广州有资方代理人邓汉生等7名的未了义务，已经在上海美孚公司清估时做了统计。对于广州美孚负债的清估主要是根据广州分公司负责人邓汉生坦白，有以下违反金融管理法令的行为：

1. 1950年1月17日原企业广州分公司按照其香港公司的指示，代交港币5000元与广州英国领事署。

2. 由1950年11月起至同年12月止，代香港公司美籍职员支付捐助东山安老院共人民币450000元。

3. 广州沙面办事处租金（按广州美孚办事处当时设在广州汇丰银行办公大楼内），在1950年3月以前，统由香港公司直接交付与房东香港汇丰银行总行。

4. 原企业前广州分公司美籍经理住宅租金，在1950年3月以前，统由香港公司直接交付房东香港万国银行总行。

5. 从1949年10月14日广州解放起至1950年6月止，原企业广州分公司按月代香港同济船务行支付租金及该行工人薪金每月计等值港币500元的人民币。

以上违法行为有的因无具体数字，有的不能证实是否已在国外收到外汇，有的日期不能肯定（按广州管汇法令系于1949年12月7日公布，港币系于1950年2月10日禁止流通）等原因，故只列作参考。[①]

---

① 上海市档案馆、财政部财政科学研究所编：《上海外商档案史料汇编》（三），1987年内部整理编辑，第696页。

天津市美孚火油公司补充资料
（补充入上海市外商企业对外清理估价资料）
1956 年 7 月
负　债

单位：旧人民币元

负债项目	对外清估数字	
	（一）	（二）
积欠国家税款	406206800	406206800
隐匿敌伪财产	13041900	130419000
共　　计	419248700	536625800

美孚天津分公司清估出来的负债项目主要包括以下几个部分：

1. 积欠营业税所得税：

（1）1950 年 7 月及 9 月共出售油料 8000 桶（按：可能是保税油料），由承购单位代付进口税、河工捐、码头捐、货物税等共 5939484268 元，未计入营业额报缴营业税。天津税务局根据工商业税解释例案汇编 604 页，凡进口费用应列入成本计算等规定建议按进出口业税率 2% 补营业税 118789700 元，并处罚 8 倍。

（2）由于所得税系根据营业额按纯益率、税率计算，故上述营业额按 7—11 月纯益率 18% 税率 30% 补所得税 320732200 元，不处罚。

（3）经天津外事处检查该例案汇编系指易货进口而言，对结汇进口者无明确解释，而上述交易则系结汇进口，故援引上述例案汇编理由欠缺。天津外事处建议只补不罚。上海外事处移作后备资料供参考。

2. 隐匿敌伪财产：

（1）抗战胜利后日寇遗有油池铜板185块，当时曾由天津美孚向伪敌伪产业处理局认领，声明系外商油公司财产。经美国领事馆具函协助，伪外交部批准，由伪后勤部发还。发还后美孚、德士古、亚细亚三公司协商按美孚56%（104块）。德士古28%（52块）亚细亚16%（29块）分配。事后天津美孚与上海美孚通信时曾提及："事实上并没有一块可以确切证明系属3公司中之任何一家所有。"

（2）天津外事处考虑他们认领并无证据，认为应予追偿，由于对外系美孚出面，故全部185块计重31888.08公斤均作为美孚责任向他追偿，计按征用时价格（每公斤15000元八成新）为382657000元，按清估时价格（每公斤10070元八成新）为256890400元。

（3）上海外事处认为无论如何过去已经过发还手续，现不宜翻案，故移作后备资料供参考。

对于资产清估，没有列出明细单，只是笼统地表明：1951年天津政府在征购天津美孚器材物资时（制桶用主要材料、另星材料、油漆、废杂油品、文具材料等），我核定征购总价为6275947724元，美孚原报总值为8452939950元，双方差价2176992226元。由于天津美孚在我征购时曾对我核定之价格表示不满，故列作参考。

20世纪60年代末70年代初，美苏争霸活动受到越来越多国家的抵制，两大阵营经济体系趋向解体。新中国逐渐打开与西方国家的外交关系。1971年10月中国在联合国合法席位得到恢复，到1973年，我国同除美国以外的发达资本主义国家都建立了外交关系。中美关系随着1972年尼克松的访华也得到缓和。这些变化为新中国扩大对资本主义国家经济关系创造了有利条件。与此同时，以毛泽东为首的中央领导层也在开始批判和纠正“文革”初期的极“左”思潮。1972年2月毛泽东在会见美国总统尼克松时说，“你们要搞人员往来这些事，要搞点小生意，我们就死也不肯”，“后来发现还是你们对，所以就打乒乓球”。[①] 他强调说：“无论怎么样，这些西方资本主义国家是创造了文化，创造了科学，创造了工业。现在我们第三世界可以利用他们的科学、工业、文化——包括语言——的好的部分。”[②] 在国际国内背景趋于缓和的背景下，中共领导层认识到“和资本主义打交道是大势已定”[③]。

随着中美关系开始解冻，1972年7月28日，美方提出了解决中美两国私人被冻结的资产问题。美方提交了在华私人资产详细清单，共计383项，分公司企业、宗教团体和其他非营利性组织、个人、其他商业团体四大类，包括企业、房产、设备、土地、证券、投资、货物、库存、债券、抵押、银行存款、现

① 毛泽东：《毛泽东外交文选》，中央文献出版社、世界知识出版社1994年版，第595页。

② 转引自武力主编：《中华人民共和国经济史》（1949—1999），上册，中国经济出版社1999年版，第716页。

③ 陈云：《陈云文选》第3卷，人民出版社1995年版，第218—219页。

金等项财产，总价值 19600 余万美元。[①] 但是，中国有关各部门对美方掌握的档案资料不甚完整，又加上“文革”期间机构调整合并、人员调整，清查任务就显得繁重而被动。虽然外交部、财政部、对外贸易部三部于 1972 年 10 月 12 日联合发文希望各地重视对美在华冻结资产的清查，强调这是贯彻执行我党中央对美方针政策的一个具体行动。但是各地存在问题诸多。如中国银行上海分行革委会就指出：关于我有关部门军管、接管、代管、征用美在沪企业的资产，我们没有掌握全面的资料。[②] 另外，由于有关人员多已星散，账册亦都销毁，如彻底清查，须组织一定力量进行。[③] 到 1972 年 11 月 7 日，外交部在发出关于请协助查对、复核美国在华私人资产（个人财产部分）的通知中仍指出：美方交来的美国在华私人资产清单（个人财产部分）共 253 起，358 人，索赔额 14182724 美元。我们根据手头掌握的档案资料初步进行逐户查对，共查处 66 起，111 人。美方交来的美国在华私人资产清单（个人财产部分）尚有 187 起，247 人未查出，现亦按“起数”整理印发各地，请按上述要求逐户逐项查对填报，材料务求详尽、精确。[④] 1972 年 11 月 20 日，外交部在《有关美国向我提出索赔的 44 家企业及 6 家“商业团

① 上海市档案馆、财政部财政科学研究所编:《上海外商档案史料汇编》(二)，1987 年内部整理编辑，第 345 页。

② 上海市档案馆、财政部财政科学研究所编:《上海外商档案史料汇编》(二)，1987 年内部整理编辑，第 354 页。

③ 上海市档案馆、财政部财政科学研究所编:《上海外商档案史料汇编》(二)，1987 年内部整理编辑，第 354 页。

④ 上海市档案馆、财政部财政科学研究所编:《上海外商档案史料汇编》(二)，1987 年内部整理编辑，第 361 页。

体”的资产、负债清查、复核问题的通知》中指出：美国向我提出索赔的44家“企业”(美方索赔案列为42个号码）的“总资产”，共计美金120602892元，占美方总索赔额的61.2%。做好这44家企业的清查复核工作对于搞好中美关系至关重要。但是通知指出，上述44家美资企业中，16家在1955年由有关各地列为清估对象并编制了清估资料；18家各地曾报过处理情况或房地产资料；其余10家有的虽查出中文名称但不知其资产下落；有的未查出中文名称。① 美国提出索赔的6家“商业团体”索赔额共计1394170元，但是中方能查明其中文名称及财产下落的仅2家，其余4家情况不详。为此，外交部要求各地抓紧清查工作，完成一家上报一家。特别是上海，任务较重，要组织人力突击完成。同时，对美方尚未提出的其他美资企业和商业团体的资产、负债进行清查复核，以便日后中美接触中陷入被动。

1972年11月25日，外交部发出关于进一步核实美国在华公司企业的资产、负债问题的通知。指出根据1955年各地上报的对外清估资料，有些问题尚不够落实，有待各地进一步核实研究和说明。并专门将已核实的美国13家公司企业存在的问题寄到各地复核。比如江苏地产公司原资本分为16000股，其中华籍股22.5股，股金889402元。1955年的对外清估资料中，将此金额作为企业负债数计算，但缺少有关华籍股的说明或根

① 上海市档案馆、财政部财政科学研究所编：《上海外商档案史料汇编》(二)，1987年内部整理编辑，第398页。

据。[①] 所以诸如此类缺陷的资料需要复核完善。清估的总原则早在1954年中财委、外交部就已经发出指示，即“合法合理，有凭有据”，“设法缩小其资产，扩大其负债”，以便在对外斗争中处于有理有利的地位。具体清估办法是以原企业的账面外币原值，按接管日外汇牌价计算其资产及负债，作为清估的基础。但这一方法在实践中也遇到了对中方不利的情形，其一就是接管日的外汇牌价比现牌价高，这就对我不利。其二就是军管后的企业利润有所增加，如果还是以接管日的资产负债为清估基础，这些增加的利润如何处理。如上电、上话接管日（即军管日）的外汇牌价为2.736元，比现牌价（2.22元）高出25%，如按美方索赔额，此两户资产的人民币折合数即增加3000万元。[②] 这就对中方大大不利。针对这些问题，外交部都做出了指导和部署。比如；同意固定资产可以用军管前后的原企业账面美金数字，流动资产可用接管时的企业账面数字，作为清估的基础。[③] 1973年1月8日外交部发布《关于核实美国原在华企业资产、负债中一些原则问题的掌握意见的通知》，指出了十条总体和具体的建议，对清估企业的产权契证、解雇金、公司债、保证金、军管期间的利润、冻结存款的利息、股息、征购价、债权债务和解放前虚增资本问题进行了规定。有的原则比较坚

---

① 上海市档案馆、财政部财政科学研究所编：《上海外商档案史料汇编》(二)，1987年内部整理编辑，第450页。

② 上海市档案馆、财政部财政科学研究所编：《上海外商档案史料汇编》(二)，1987年内部整理编辑，第452页。

③ 上海市档案馆、财政部财政科学研究所编：《上海外商档案史料汇编》(二)，1987年内部整理编辑，第460页。

定，如第一条指出，凡已为我征用、代管、军管的原美资企业房地产，如有类似假借中国人名义非法取得产业的严重突出的产权契证问题，应予追究，不予补偿，并根据原企业的账面价值，将其从固定资产中剔除。第六条规定：1952 年中国人民银行总行鉴于美方对我在美被冻结存款不给利息，通知各地分行对冻结的美国在华公司存款也暂不给利息。如清估时有存款利息部分，将从其账面资产中剔除，不予承认。当然，本着中美关系改善的出发点，有些规定比原来的规定要灵活。如原来清估中强调由中方征用、代管、军管、接管的外资企业原雇用的中国职工退职金，应由原企业负担。现第二条规定解雇金可不提，把其降为“后备负债”。另外原清估中将企业军管期间的利润从其资产中剔除问题，现第五条规定“可不必从其资产中剔除”。[①] 各地近一年的复核清估，对美资产清估工作取得了一定进展。例如在复核过程中发现美方索赔数有不少是虚假的，不合法的、不合理的。比如哈克生汽车公司，美方提出索赔 16.9 万美元，经核实该公司的资产应为 5.7 万美元，其中剔除的有：外人经理在国外支款计 5.6 万美元，资本家哈克生在国外投资近 1 万美元，房屋只计残值，应除去 3.7 万美元，还有些在途商品在港没有到沪，等等。[②]

依照新的清估精神，在尽力收集美孚公司资料的基础上，1973 年 3 月，南字部队完成了对美孚公司的第二次清估。情况如下：

---

① 上海市档案馆、财政部财政科学研究所编：《上海外商档案史料汇编》(二)，1987 年内部整理编辑，第 464 页。

② 上海市档案馆、财政部财政科学研究所编：《上海外商档案史料汇编》(二)，1987 年内部整理编辑，第 475 页。

南字229部队填报美孚公司清查核算资料①

(1973年3月)

基本情况

简况：

原企业总公司设在美国纽约，我国境内设有上海、天津、沈阳、汉口及广州等五个分公司，下又设有办事处17处、油栈149处，经销处9处，主要业务为进口及推销石油产品以及“阿脱拉斯”汽车及航空运输工具等零件。解放前上海、天津、沈阳、汉口四个分公司统称华北分公司，划归上海分公司管辖，广州地区称华南分公司，划归香港管辖，广州解放后也由上海分公司兼管。

该企业早在1894年即在我国开始营业，起初称美孚行，以上海为基地逐步向内地扩展。1933年起组成美孚火油公司（STANDARD—VACUUM OIL CO.）。多年来对我国人民进行经济掠夺，利润十分惊人，仅举1948年的半年和1947年的半年为例，纯利即达900多万美元，接近于原企业在我国境内的全部固定资产的账面美金价值。

解放后原企业先经我军管会管制，于1951年7月18日宣布征用办公室以外财产及征购油料，征用范围不包括现金、银行存款及各项流动账款，上海公司于1953年2月批准歇业，各地分支公司亦相继歇业。最后公司办公处房地产亦由我征用。

<table>
<tr><td rowspan="2">处理情况</td><td>方式</td><td>征用（油料征购）</td><td>日期</td><td colspan="4">1951年7月18日</td></tr>
<tr><td colspan="7">上海市军事管制委员会命令军办秘（51）密十三字第779号</td></tr>
<tr><td>资本</td><td>金额</td><td>1000万美元</td><td rowspan="2">股权情况</td><td colspan="4" rowspan="2">分10万股，每股美金100元内；
STANDARD OIL CO. （NK-WJERSEY）
50000股
SOCONY-VACUUW OIL CO.
50000股</td></tr>
<tr><td>对方索赔</td><td>美金</td><td>27026602元</td></tr>
<tr><td rowspan="2">核算结果</td><td rowspan="2">资产</td><td>人民币
10160994.22元</td><td rowspan="2">负债</td><td>人民币
869145.67元</td><td rowspan="2">净值</td><td rowspan="2">资产大于负债</td><td>人民币
9291848.55元</td></tr>
<tr><td>或美金
4562637.73元</td><td>或美金
390276.45元</td><td>或美金
4172361.28元</td></tr>
</table>

① 上海市档案馆、财政部财政科学研究所编：《上海外商档案史料汇编》(四)，1987年内部整理编辑，第366—367页。

美孚公司的第二次清估依据外交部发布的《关于核实美国原在华企业资产、负债中一些原则问题的掌握意见的通知》精神开展的。这次清估相比 1955 年前后的那次清估主要不同点有：（一）这次清估收集的资料比较全，1955 年清估时缺广州分公司的固定资产账，这次清估时已找到，一并列入清估。由于资料收集较全，这次清估发现账册与清册之间有差额，所以这次清估核减账册与清册差额，合美金 102189.13 元。[①]（二）上海地区的征用日期为 1951 年 7 月 18 日，各地分公司的征用日期则不一，为便于计算，一律以 1951 年 6 月 30 日作为征用日，折旧准备亦计算到该日为止。（三）针对美孚各分公司记账方法是以各地办公室、宿舍、油栈、经销处为单位，分别记载该单位的固定资产，金额有美金及当地货币二种原值，解放后又以各地解放初不同汇率按美金折成人民币，以后汇率变化，人民币数未再升值。所以这次清估本着中央指示，固定资产可以用军管前后的原企业账面美金数字，流动资产可用接管时的企业账面数字，作为清估的基础。（四）依据“凡已为我征用、代管、军管的原美资企业房地产，如有类似假借中国人名义非法取得产业的严重突出的产权契证问题，应予追究，不予补偿，并根据原企业的账面价值，将其从固定资产中剔除”这一条，这次清估核减了上海二处有产权契证问题的房屋价值，约合美金 39920.93 元。[②]（五）依据土地国有，不论买租价值均以剔除

---

① 上海市档案馆、财政部财政科学研究所编：《上海外商档案史料汇编》（四），1987 年内部整理编辑，第 367 页。

② 上海市档案馆、财政部财政科学研究所编：《上海外商档案史料汇编》（四），1987 年内部整理编辑，第 370 页。

的精神，剔除了账面上186处土地和9处租地的价值，合美金455234901元。[①] （六）根据原企业习用的通用折旧率计算方法，核减原企业其他资产的折旧价值，合美金4552349.01元。[②] 所谓通用折旧的计算方法。根据1948年2月9日及同年10月19日纽约总公司致上海信件内载，纽约总公司使用的每半年折旧率如下：

项　　目	方法	半年折旧率
租地（或租屋）	租借期内摊提	
办公室及住宅设备	递减法	7.5%
固定资产（按：指房屋及工厂设备）	递减法	3.75%
机动设备（按：指汽车等）	直线法	10%
非机动设备	直线法	4.5%
服务站设备	递减法	15%
航运设备：		
（钢或硬木壳架）	递减法	5%
（普通木壳架）	递减法	10%

直线法（Straight Line Basis）即通常按原值逐期乘折旧率的平均折算方法。递减法（Diminishing Value）即前述服务站折旧计算方法，据原企业经营固定资产账册的中国职员回忆，过去

① 上海市档案馆、财政部财政科学研究所编：《上海外商档案史料汇编》（四），1987年内部整理编辑，第367页。

② 上海市档案馆、财政部财政科学研究所编：《上海外商档案史料汇编》（四），1987年内部整理编辑，第367页。

曾使用上述通用折旧法计算折旧的，在美孚档案内纽约与上海通信中提到固定资产折旧时也是这个方法。此次清查时还发现几张原企业职工 1950 年 6 月底估算某些战后购置的普通木壳船只的折旧准备草稿，经推算确为按递减法 10%计算，与中方的计算方法完全相符。1955 年清估时用的也是这个方法。[①]（七）负债部分，这次清估加上了 1956 年 7 月天津地区的负债清估部分。另外，本着中美关系改善的出发点，将原雇用的中国职工退职金，应由原企业负担。现改为解雇金可不提，把其降为“后备负债”。上海及各地分公司从不编制资产负债表，但各分公司每半年根据固定资产分类账编制并向纽约报送一次反映该期内固定资产增减情况及期末余额的“投资账目试算表及汇总表”（PLANT INVESTMENT TRIAL BALANCE&RECO-NCILIATION OF PLANT INVESTMENT LEDGER）。解放后上述表报并未及时报送，目前已查到的只有上海分公司 1951 年 6 月 30 日的一份，可以作为本资料采用的上海分公司固定资产数字的凭证（该表美金总数为 9225623. 45 元，与本资料战前及战后固定资产及折旧准备分析表上海分公司原值栏总数美金 5693140. 20 元加上海分公司土地及租地美金 3532483. 25 元之和相符）。[②]

第二次清估到 1973 年清估结束，查实目前尚冻存在中方银行账面的存款有 227 户，本金 1130000 美元，利息 220000 美元

---

① 上海市档案馆、财政部财政科学研究所编：《上海外商档案史料汇编》（四），1987 年内部整理编辑，第 374 页。

② 上海市档案馆、财政部财政科学研究所编：《上海外商档案史料汇编》（四），1987 年内部整理编辑，第 373 页。

以及尚寄存在中方银行的冻结保管品有103户。上述存款和保管品，绝大部分系过去在华的美商企业和个人所有。通过这一次对原在华美商企业资负情况的清查和重估，有部分存款和保管品应抵充企业的负债。因此，实际上我方冻结美方的存款和保管品将少于这个数字。[①] 值得一提的是在清估美在华资产的同时，中方已较详细地整理出我被美方冻结的资产材料。1973年上海市财政局革委会关于对中美资产清查工作情况的报告中指出：查实被冻资金和被扣物资共计42900000美元；9500英镑；各种股票760000股（未估值）和外币债券面额630000美元。其中：银行部分被冻结的有：存款20100000美元；其他资产4640000美元；各种股票220000股；外币债券面额630000美元；其他单位被冻的有：各种资金16000000美元；9500英镑；贸易物资990000美元；个人部分被冻的有：存款和债权1170000美元；各种股票540000股。[②] 而且把此详细分类，分为债权明确，凭证较为齐全的；债权明确，但凭证已散失或不足的和解放前开出购买证，货物没有进口的三类。

到1973年，中美双方就中美两国私人资产问题达成原则谅解："将采取换文方式，一揽子解决办法，不算细账。"[③] 所谓一揽子解决办法，就是中美双方的债权债务，相抵两讫，双方都

① 上海市档案馆、财政部财政科学研究所编：《上海外商档案史料汇编》（二），1987年内部整理编辑，第512页。

② 上海市档案馆、财政部财政科学研究所编：《上海外商档案史料汇编》（二），1987年内部整理编辑，第511—512页。

③ 上海市档案馆、财政部财政科学研究所编：《上海外商档案史料汇编》（二），1987年内部整理编辑，第504页。

不再向对方索赔要钱。为此，1973 年 3 月 27 日，外交部、财政部和外贸部三部联合发文通知结束清查中美私人资产，要求清查的档案资料要妥善保管，以备日后所需。清理估价资料一般包括原企业简况及处理经过、企业的资产和负债三部分。此外，每个资料还有若干附件来具体说明企业资产和负债情况。

第四章

法资情况：在追随中式微

1949 年 5 月，上海外资企业为 910 家，其中属于法国的有 45 家，占比 5.16%，雇佣工人 4077 人，占比 7.92%，资产总值人民币 2922 亿元，占比 9.45%。这 45 家企业当中，规模最大的当属法商电车电灯公司，它拥有职工 3199 人，资产总值 2200 亿元。[①] 法资在沪资本无论从数量和规模上都远逊于英美两国资本，但在 32 个国家中仍居第三位。新中国成立后，法国政府基本上是采取追随美国的外交政策，这种政策当然是和新中国的外交政策格格不入的，法国在沪资本就是在追随政策中逐渐式微的。

一、监督利用 & 追随政策

“二战”结束以后，法国经济陷入了严重的混乱和衰退之中，国内党派林立，斗争激烈。1946 年 10 月 13 日，法兰西第

---

① 上海市档案馆、财政部财政科学研究所编：《上海外商档案史料汇编》(一)，1987 年内部整理编辑，第 31 页。

四共和国经过公民投票通过了新宪法。第四共和国时期，由于国内政局动荡，自 1947 年 1 月拉马迪组成内阁到 1958 年最后一届戴高乐政府共更换了 24 届政府。走马灯似的内阁政府更换，不仅影响了法国对外政策的方向，也影响了法国对外行动的能力，很难制定和实施长远的外交政策。法国自“二战”结束后就做出了全面倒向美国的抉择。新中国成立之初，法国曾是西方大国中追随美国最紧、一直拒不承认新中国的国家。新中国成立初期，英国鉴于其在华的利益，特别是其在香港的统治，表示愿意承认新中国。1949 年 10 月 31 日英国正式通知法国，它将于近期承认中国，也劝说法国与新中国建交。但是法国政府由于国内政局不稳，经济脆弱，急需美国在军事、政治和经济上的帮助，从而在许多问题上不得不受美国左右。法国政府要求英国政府重新考虑其决定，以避免“过早承认中国新政府”。[①] 另外，法国追随美国全面对新中国采取敌视政策还有法属印度支那问题。新中国的成立，鼓舞了越南人民反抗法国殖民的斗争，为了维护其在印度支那半岛的利益，法国当局支持越南地方势力和中国敌对势力从事反对、分裂中国的活动。法国的执政派认为，法国虽然在华也有利益，但是相对于美国及其在印度支那的利益，它只能放弃其在华的利益。如当时的法国外交部亚大司司长雅克·巴延认为，“法国在华利益固然重要，但法国在印支的利益更为重要”，“应根据法属印度支那的利益

---

① 裴坚章：《毛泽东外交思想研究》，世界知识出版社 1994 年版，第 241—243 页。

来确定对华政策”。[1] 法国当局曾一度希望通过“承认”为诱饵，来阻止新中国对胡志明领导的越南抗法民族解放斗争的支持，但这又和中共的“一边倒”政策（同以苏联为首的社会主义阵营结盟，对抗以美国为首的资本主义集团）相冲突。中共将支持民族解放运动作为自己责无旁贷的国际主义义务。正如周恩来在1950年4月的一次讲话中所强调的，“我们今天胜利了，要有不怕担当大任的精神，要担当起帮助解放全世界的重任，而且要有此气魄。今后我们要帮助东方被压迫民族兄弟的解放，如朝鲜、印尼、越南等国家，如果这些民族都起来了，得到了解放，那不是全世界人民的力量就更大，帝国主义更加容易崩溃吗？”[2]

基于上述原因，法国在国际舞台上跟随美国，采取了敌视中国的政策。1950年1月19日，联合国安理会投票表决苏联关于驱逐蒋介石代表、接纳新中国代表提案时，法国投了反对票。并且，法国与台湾的国民党政权一直保持外交关系。朝鲜战争爆发以后，法国追随美国谴责中国“侵略”朝鲜，并开始制裁中国。[3] 戴高乐曾论述道：至于美国，富裕、活跃和强大，法国对它居于依赖的地位。法国持续需要它的援助以避免金融危机，从美国取得武器，配备士卒。法国得完全依赖它的保护。这种说法出自统合的姿态，自动地把服从美国的权势视为当然。这就是所谓超乎国家的欧洲之理念，在这个构想下，法国消失了。

---

① 法国外交部亚大司报告，1949年5月21日。

② 中共中央文献研究室、中央档案馆编：《建国以来周恩来文稿》第2册，中央文献出版社2008年版，第249页。

③ 中国外交部档案馆藏，档案号110-00148-35。

一个没有政治实体、没有经济动力、没有防卫能力的欧洲，因而在面对苏联集团时，注定成为那个自身有政策、经济和国防的强大西方国家美利坚合众国的附庸。[①]

法国政府不顾自身在华的经济利益，而追随美国对新中国采取敌视的态度同新中国奉行的“另起炉灶”，“打扫干净房子再请客”和“一边倒”外交三原则格格不入。冲突导致没有接触的可能。在监督和利用政策作用下，在华外资企业有所减少，歇业为164家。法商歇业4家，主要集中在贸易和保险行业。到1950年7月，上海外商企业共684家，其中，法商41家，占6%。[②] 684家外商在上海所有资产总值共人民币1064161317378元。其中44%，即人民币468213185189元为机器设备，生财及其他不动产（不包括房地产）；56%，即人民币595948132189元为存货及其他流动资产。法国资产286398280680元，约占总资产的27%。法国资本仅次于英国和美国，三国资产合起来占了全部资产总值的92%。[③] 法商公用事业在全部法商中所占比重最高，法国在上海唯一的一家公用事业法国电车电灯公司资产约272120834000元，占全部法商的95%，职工占全部法商的78%。[④]

---

① 徐晓亚等：《百年中法关系》，世界知识出版社2006年版，第147—148页。

② 上海市档案馆、财政部财政科学研究所编：《上海外商档案史料汇编》（七），1987年内部整理编辑，第1页。

③ 上海市档案馆、财政部财政科学研究所编：《上海外商档案史料汇编》（七），1987年内部整理编辑，第6页。

④ 上海市档案馆、财政部财政科学研究所编：《上海外商档案史料汇编》（七），1987年内部整理编辑，第12页。

二、在追随中式微

朝鲜战争爆发以后，以美国为首的西方资本主义国家加紧了对新中国的经济封锁，法国也追随其后，谴责中国“侵略”朝鲜，并开始制裁中国。[①] 针对美国对中国财产的冻结和管制，新中国政府采取了以牙还牙的政策，对美国在华财产进行管制和冻结。对于其他国家，采取视其态度而分别采取不同的政策。1950年11月5日，外交部发布《关于外资企业处理办法的初步意见》明确规定区别外资企业所属国家，首先应以美国在华企业为主要对象[②]。对于英国政府于1951年4月7日和1952年8月对新中国财产的无理征用，新中国也分别采取了报复手段，但同时又不断强调：“中国政府愿与各外国的政府和人民在平等和互利的基础上恢复与发展国际间的通商贸易关系；一切遵守中国政府的法令的在华外侨外商，都可得到各级人民政府的保护。”[③] 至于法国当局虽然也追随美国谴责中国，但它没有像美英两国那样对新中国财产采取无理的强行征用或管制措施。另外，在法国国内有着支持和信任新中国的友好人士，始终保持着同新中国的交往。1952年3月2日，法国友好人士在巴黎举办了为期两周的“新中国展览”，5月15日，又在巴黎成立了“法中友好协会”，成为中法民间交往的桥梁。1952年4月3日，在莫斯科召开的第一届国际经济会议上，中国代表团同法国工

---

① 中国外交部档案馆藏，档案号110-00148-35。

② 裴坚章主编：《中华人民共和国外交史》（1949—1956），世界知识出版社1994年版，第265—266页。

③ 《新华月报》，1952年第8期，第41页。

商界人士签订了贸易协定，对冲破美国封锁新中国的政策起到了积极作用。4 月 28 日，法国和平理事会主席法奇访问中国，亲眼感受到了新中国翻天覆地的变化，激动不已地表示：我对中国人民怀着一种深深信任的感情。中国人民已实现了全国大团结，我深切体会到中国新民主主义政治的优越性。[①] 基于此，新中国对待法国在华资本的政策显然有别于美、英，特别是美国。解放后三年半来，新中国以不同方式处理法资企业 20 家，除了东方修焊公司和中法求新造船两家公司是军管和租用外，其余 18 家都是因在华特权的丧失，加上以美国为首的西方资本主义国家对华的经济封锁，使得这些法商在华企业陷于无法维持的境地，许多企业只好申请歇业情况下自行歇业的。到 1952 年底，法商在沪企业尚存 25 家，职工人数 3799 人，资产人民币 2616 亿元。[②] 这些企业当中，还当属法商电车电灯公司一家独大，它有职工 3199 人，资产 2200 亿元。[③]

党在过渡时期的总路线提出后，尤其把私营工商业进一步纳入国家资本主义轨道的教育宣传展开后，大大影响了法商态度，普遍认为“华商要改造，外商当然无前途”。1953 年上海市全年共处理外商企业 90 户，职工 9973 人，资产人民币 6551 亿元。[④]

---

① 沈炼之、楼均信：《法国通史简编》，人民出版社 1990 年版，第 674 页。

② 上海市档案馆、财政部财政科学研究所编：《上海外商档案史料汇编》(一)，1987 年内部整理编辑，第 31 页。

③ 上海市档案馆、财政部财政科学研究所编：《上海外商档案史料汇编》(一)，1987 年内部整理编辑，第 33 页。

④ 上海市档案馆、财政部财政科学研究所编：《上海外商档案史料汇编》(一)，1987 年内部整理编辑，第 176 页。

其中法商 6 家，1953 年 11 月 2 日，法资最大的企业，也是所有外资当中最大的公用事业，法商电车电灯公司被收归国营、代管财产，至此，上海外商的六大公用事业已全部处理。上海市政府以市政建设需要为由，采取收归国营代管财产的处理方式处理法商电车电灯公司，这种方式既有别于 1952 年为报复英国政府窃夺新中国海外财产而采用的征用英国公用事业的方式，又有别于一般单纯的代管方式。到 1953 年年底，上海还剩外商企业 215 家，职工人数 10431 人，资产估值人民币 11575 亿元。[①] 法商还存 19 家，职工数 587 人，资产总值 416 亿元，包括工业 2 家，房地产 7 家，银行 1 家，贸易 5 家，轮船仓库码头 1 家，其他 3 家。[②]

1954 年日内瓦会议以后，中法关系有一定改善，双边民间往来增多，两国外交代表也在日内瓦进行接触，商讨建立两国政府间"联系渠道"事宜。1954 年 8 月周恩来指出："法国是有生产能力的。它要恢复经济，就要找出路，找广大市场。东西方贸易就是出路。"[③] 1955 年 11 月，周恩来在会见法国议员代表团时，提议中法要"多进行贸易和文化交流"，"可以增加文化、科学方面的来往，贸易方面可增进民间的贸易来往，甚至可以签订半官方的贸易协定"[④]。针对国际形势的缓和，上海外事处根据外交部的指示，在某些具体问题的处理上也放宽了尺

---

① 上海市档案馆、财政部财政科学研究所编：《上海外商档案史料汇编》(一)，1987 年内部整理编辑，第 157 页。

② 上海市档案馆、财政部财政科学研究所编：《上海外商档案史料汇编》(一)，1987 年内部整理编辑，第 185—187 页。

③ 周恩来：《周恩来外交文选》，中央文献出版社 1990 年版，第 89 页。

④ 周恩来：《周恩来外交文选》，中央文献出版社 1990 年版，第 161 页。

度，比如迅速批准某些企业负责人的更换及出入境，分批批准某些企业出售少量动产，并在个别企业的处理步骤上有所斟酌，有意识地放得缓慢和迂回，从而相应减少处理工作的阻力，形成了缓和的气氛。

1954 年，上海残存的主要外商企业除个别打算仍不明确外，一般都是“继续求去”或争取结束其旧企业，有部分企业准备在结束旧企业或紧缩旧机构的情况下继续经营或维持，以增加对华贸易。1954 年上海以各种方式处理了外商企业 84 家，职工 2361 人，资产估值人民币 2427 亿元。这 84 家企业分别是：工业 10 家，银行、贸易、航运各业 33 家，房地产 19 家，其他各业 22 家。[①] 其中法商被处理 8 家，包括 4 家房地产企业，2 家贸易行业和其他行业 2 家。职工人数 126 人，资产估值 62 亿元。[②] 到 1954 年年底，上海还存外商企业 105 家，职工 7673 人，资产估值人民币 9062 亿元。[③] 残存的企业仍以英商为主，计 33 家，职工 5792 人，资产估值 5273 亿元。[④] 法商 11 家，职工人数 411 人，资产估值 354 亿元。[⑤] 1954 年对外商企业的处理，主要是以转让方式进行的。1954 年内残存的外商深知中国各方面对它们挤

---

① 上海市档案馆、财政部财政科学研究所编：《上海外商档案史料汇编》(一)，1987 年内部整理编辑，第 293 页。

② 上海市档案馆、财政部财政科学研究所编：《上海外商档案史料汇编》(一)，1987 年内部整理编辑，第 327 页。

③ 上海市档案馆、财政部财政科学研究所编：《上海外商档案史料汇编》(一)，1987 年内部整理编辑，第 298 页。

④ 上海市档案馆、财政部财政科学研究所编：《上海外商档案史料汇编》(一)，1987 年内部整理编辑，第 299 页。

⑤ 上海市档案馆、财政部财政科学研究所编：《上海外商档案史料汇编》(一)，1987 年内部整理编辑，第 327 页。

压，同时也体会到转让是结束企业唯一可能为中方接受的方式。所以，外商企业对于以转让方式求得解决已较 1953 年时更为明了。在转让谈判的过程中，我们要求外商企业“以全国范围内一切资产”抵偿“经双方协商同意的负债”，避免外商急于摆脱其债务和义务，坚持“一切资产”抵偿“一切负债”的不合理要求。另外，在处理工作中我们还开始较多地运用外商企业的华籍资方代理人，通过做这些人的工作，来向外籍资方代理人施压。

1955 年，上海外事处加强了对残存的规模较大的工业企业和房地产公司的经济斗争，主要是：对工业企业加紧控制供产销，把加工改为订货，在原料中积压他们的资金，压缩生产任务，减少他们的收入；对房地产公司代管代修了大量危险房屋，压低租金，使其减少收入。通过这些手段，使其资金周转困难，进而积累了巨额债务。从而动摇了外资企业“待价而沽”的想法，使处理条件逐渐成熟。1955 年处理了外资企业 35 家，职工 1417 人，资产估值人民币 2153 万元（不包括集中在上海处理的上海以外地区的财产）；外人土地 1400 亩，房屋 135 万平方公尺，房屋估值人民币 5388 万元。到 1955 年年底上海还剩余 74 家外资企业，职工人数 6488 人，资产估值 6995 万元。[①] 其中美国企业已全部清理完毕，英国企业尚存 29 家，法国企业尚存 6 家。这 6 家分别是东方汇理银行，1955 年 7 月 18 日已经向上海金融处申请歇业，解雇全部职工，金融处于 11 月 8 日准其停业清理，对其解雇职工之要求目前未予考虑。法国游船公司，到

① 上海市档案馆、财政部财政科学研究所编：《上海外商档案史料汇编》(一)，1987 年内部整理编辑，第 462 页。

运1家，即法国油船公司；进出口2家，即永兴洋行和巴黎工业电机厂股份有限公司。职工79人，资产总值人民币903231元。其中，法国游船公司现有职工12人；永兴洋行现有职工62人，资产854284元，目前经营茶叶业务，主要开支依靠仓库租金；巴黎工业电机厂股份有限公司现有职工5人，资产48947元，目前生意不好，国内又不肯汇款来，主要依靠自己维持。①

社会主义改造完成后，上海市政府本着“有计划、有步骤、有重点地挤掉帝国主义在华的企业而与之加强平等互利的贸易往来”② 的总方针。1960年1月，上海法商永兴洋行的转让，使外商仅存的大型码头仓库也被收回国有。1959年以来由于中国政府基本上停止了对外贸、航运商的贸易业务和来船的货物配载，使得外贸、航运企业举步维艰，纷纷觉得没有必要再留在中国。所以，在1960年3月17日和7月29日，法国巴黎工业电机厂股份有限公司和法国游船公司相继歇业。至此，法国在上海的法商企业全部被清理完毕。

三、对法资企业的清估——以法商电车电灯公司为例

用军管、征用、接管、代管等行政方式处理的外资企业在法律上不能算已经解决了企业的所有权，他们将来可能提出归还或补偿的要求，通过外交途径和我们交涉。因此我们必须准

---

① 上海市档案馆、财政部财政科学研究所编：《上海外商档案史料汇编》（二），1987年内部整理编辑，第155—157页。

② 上海市档案馆、财政部财政科学研究所编：《上海外商档案史料汇编》（二），1987年内部整理编辑，第194页。

备一套以接管日账面为基础的原企业资产和负债数字的完整资料，供交涉之用。“为了准备对外交涉之用，对以行政命令方式（如：征用、管制、代管等）处理的资本主义国家在华企业，尚应进行‘对外清估’。‘对外清估’必须与‘对内清估’严格区别，掌握合法合理，有凭有据的精神，设法缩小资产，扩大负债”。①

上海市外商企业对外清估工作自 1954 年冬季开始，至 1956 年年初结束。共清估 45 家，其中英国 11 家，美国 29 家，法国 3 家，瑞士 1 家，瑞典 1 家。这些企业的实际价值（按对内清估数字统计）共约值人民币 5.7 亿元，其中英商 11 家，共值人民币 154911564 元；美商 29 家，共值人民币 346566706 元；法商 3 家，共值人民币 67934530 元。② 清估的 3 家法商企业分别是 1954 年 9 月 30 日代管的中法求新造船厂、1951 年 8 月 20 日军管的法商东方修焊有限公司和 1953 年 11 月 2 日收归国营、代管财产的上海法商电车电灯公司。

法商电车电灯公司是法国在沪的最大企业。总办事处：重庆南路 249 号，电话：80180，发电厂：重庆南路 308 号，车厂：重庆南路 277 号，自来水厂：董家渡。

1905 年，法国东方国际公司与上海前法租界公董局订约，承办前法租界区域内的电车电灯事业。1907 年，法商电车电灯公司成立，总公司设在巴黎，上海为办事处，代理东方国际公

① 上海市档案馆、财政部财政科学研究所编：《上海外商档案史料汇编》（一），1987 年内部整理编辑，第 383 页。

② 上海市档案馆、财政部财政科学研究所编：《上海外商档案史料汇编》（二），1987 年内部整理编辑，第 2 页。

同时期据上海市公用局估计，法电全部资产约值美金 12450000 元。水、电、交通三部分的机器工具及设备估值分配如下：

电气部门　　人民币 124226591860 元

自来水　　人民币 87425207042 元

有轨电车　　人民币 30531561266 元

无轨电车　　人民币 8553485070 元

公共汽车　　人民币 13519433642 元

主要负责人为经理杜克莱，49 岁，1923 至 1939 年任越南法国陆军工程师，1941 年来上海法电任经理，1947 年至 1948 年在日本任法国战后损失赔偿委员会主席，1949 年上海解放前复来上海任法电经理，1950 年 4 月出境，1950 年 10 月再度入境。杜与法国政府方面关系似甚密切，三次来沪，都在国内或国外形势紧张之际（1941 年太平洋战争爆发，1949 年上海将解放，1950 年 10 月中国人民志愿军过境援朝）。据云 1941 年初次来沪时，即为总公司特别派来以与日寇周旋者。杜在上海法侨间声望甚高。

1950 年 7 月法电全公司共有职 3199 人，其中 3078 人为中国籍，121 人为外国籍。人员的分配大致如下：电气部约 520 人，自来水部约 250 人，公共交通部约 2430 人。法电职工可分为三大类：一类为由国外聘来者，主要为法国人，均订有合同，占主管地位，掌握大权多第二类为本地聘用之高级职员，包括中外籍，所任职位多数为科员、技术员、监工、翻译及工程师等：第三类即为一般的小职员和工人。法电的人事管理制度极不合理，是落后的殖民地方式。首先一切的行政及生产管理大权都操纵在外籍职员手里，中国职员最高者不过是翻译领班而已。1950 年 5 月起，一部分外籍职员因合同期满申请回国或胁于公司命令被迫申请回国，所余职位很少能为中国职员胜任替代者。其次冗员过多而不做合理调配，此在公共交通部分尤为严重，据估计，按照 1950 年 7 月的行车及业务情况，司机、售票以及技工杂役多余的在 600 至 800 人之间，职员方面虽无可靠之统计，但拿薪水不做事的也不至少于 100 人。第三为工资高低悬殊极巨，一般中国籍职员无有超过每月 300 折实单位者，工人都在 150—200 之间，而外籍及高级职员则都数以千计，如杜克莱每月实支薪水高达 9536 单位。全公司每月薪给总额约为 900000 单位。

解放以后，全市所有工商企业以及公用事业曾遭受若干困难，法电也不能例外。三部分中，尤以公共交通部分亏蚀最多，依靠人民银行贷款和积欠上海电力公司电费来维持开支。至 1950 年 9 月止，尚欠人民银行人民币 160 余亿元，上电 30 余亿元。造成巨大亏蚀的原因，一方面固由于上海经济一时的萧条，但是更主要的乃由于公司内部严重的腐败和不合理的情况所致。人事方面的不合理现象已如上述，其他诸如购料方面：招商不公开，由少数商号包办，无完善的比价手续，因此购入物料咸较市价为高；生产管理方面，无人真正负责，造成器材等的巨大浪费。业务情况如斯，其经营态度即可想象，表现在：

1. 对政府尽量消极敷衍。政府不论有何新的布置（如关于技术改进、防空、冬防等），公司方面总是先行拒绝或强调困难；须经多次提出并催促，始行照办。

2. 对生产消极。车辆检修松懈，不按时购买必需材料，经

（续表）

现在领导单位：电气部门划由上海电业管理局领导；自来水部门划由上海市自来水公司领导；交通部门划由上海市交通局领导。	现在企业名称：上海市沪南水电交通公司
办理移交清册日期：1953年11月17日	原企业移交人：法籍经理杜克莱（R. Ducrest）
处理后原企业是否提出交涉及交涉情况：未	

资　　产

单位：旧人民币元

资产项目	对外清估数字		参考数字	
	（一）	（二）	对内清估数字	原企业内部外币资产负债表数字
固定资产余值	8456740919	42286658008	539586209665	无
流动及其他资产价值	62058297692	68707250684	102893439867	
合　计	70515038611	110993908692	642479649532	

负　　债

单位：旧人民币元

项　　目	对外清估数字	
	（一）	（二）
积欠家税款（包括账面“应计捐税”及账外“积欠国家所得税”）	9697515664	9697515664
逃套外汇应课罚金	43991006	43991006
未上缴汪伪政府罚款	1486932746	19843062492

（续表）

项　　目	对外清估数字	
	（一）	（二）
对职工未了义务（包括账外“对职工未了义务”及账面“员工福利及保险费准备”“其他营业准备”）	49785759915	49785759915
积欠户保证金	7357682590	82271937462
其他负债（包括账外“其他负债”与账面“应付款项”“代收款项”）	8731961234	8731961234
合计	77103843155	170374227773

这是法商电车电灯公司总体对外清估情况，包括了资产和负债情况。总体资产和负债情况是在固定资产明细（按地区和财产类别清估）和积欠国家税款明细（按外地和上海本地清估）基础上统计出来的。从资产一栏中可看出“对外清估”和“对内清估”统计差距较大。以 1949 年 8 月 31 日的外币牌价，即“八底数字”为基础统计出的数字为 70515038611 元，以接管时的 1953 年 11 月外币牌价为基础统计出的数字为 110993908692 元，而“对内清估”统计出的数字为 642479649532 元。之所以出现这种较大差距是因为中央要求“‘对外清估’必须与‘对内清估’严格区别，掌握合法合理，有凭有据的精神，设法缩小资产，扩大负债”。① 另外，以两种方法统计出来的资产和负债，都显示清估出来的负债远大于资产，以 1949 年 8 月 31 日的

① 上海市档案馆、财政部财政科学研究所编：《上海外商档案史料汇编》（一），1987 年内部整理编辑，第 383 页。

<table>
<tr><td colspan="7">原企业简况：原企业创设于 1907 年，先继承比商国际远东公司的一切权利，取得垄断了旧法租界电车、电气事业的专营权，1908 年 5 月份租赁法“公事局”的水厂，并获得给水事业的专营权，成为垄断旧法租界的给水、发电、交通（包括：有轨电车、无轨电车、公共汽车）三方面的公用事业。至 1953 年，有中国职工 3100 余人，是法商在上海的最大企业。
原企业成立时，资本仅 300 万法郎，至 1908 年租赁水厂后，资本增加到 420 万法郎，后又经十余次资本增值，至 1945 年第二次世界大战结束后，按照法国政府规定重估资产，至 1947 年资本增加到 37500 万法郎，75 万股，每股票面价值为 500 法郎，为原资本的 125 倍。原企业历年利润很高，仅按账面记载，自 1908 年至 1947 年营业净利共为 62306 万法郎，为原资本的 208 倍。1938 年的利润率最高，达 5800 万法郎，当年利润率 58%。
生产设备能力，可能发电容量 23800 千瓦，每月制水量为 3500000 立方公尺，有轨电车机车 62 辆、拖车 48 辆、无轨电车 38 辆、公共汽车 79 辆，以上设备绝大部分使用年久，都已陈旧。</td></tr>
<tr><td rowspan="2">处理方式</td><td></td><td colspan="2">收归国营，代管财产</td><td colspan="2">日期</td><td>1953 年 11 月 2 日</td></tr>
<tr><td></td><td colspan="5">上海市人民政府 1953 年 11 月 2 日（53）沪府建字 3397 号命令</td></tr>
<tr><td>资本额</td><td></td><td colspan="5">旧法郎：375000000　股权分 750000 股每股金额 500 法郎，股东国籍不详（上海无股东名册、估计绝大部分系法籍）</td></tr>
<tr><td rowspan="2">核算结果</td><td rowspan="2">资产</td><td>人民币：11328724. 15</td><td rowspan="2">负债</td><td>人民币：9345232. 39</td><td rowspan="2">资产大于负债</td><td>人民币：1983491. 76</td></tr>
<tr><td>或美元：4350508. 42</td><td>或美元：3588798. 85</td><td>或美元：761709. 57</td></tr>
<tr><td>资产的估价</td><td>金额</td><td colspan="5">人民币：64247964. 95　折合：24672797. 11 美元</td></tr>
</table>

1955 年清估资料核算结果以两种方法统计出来的资产和负债，都显示清估出来的负债远大于资产，以 1949 年 8 月 31 日的外币牌价，即“八底数字”为基础统计出的资产数字为 70515038611 元，而负债数字为 77103843155 元。以接管时的 1953 年 11 月外币牌价为基础统计出的资产数字为 110993908692

元，而负债为170374227773元。此次清查核算时，从“有根有据”“合法合理”的原则考虑，中方改变了某些资产和负债项目的核算办法，因而核算结果为资产大于负债1983491.76元。

考虑到国际关系及中法关系改善的需要，1973年的这次清估相比1955年清估，在好多方面采取了宽松的清算方式。如未上缴汪伪付款1984306.25元，考虑到如采用“解放前银钱业未清偿存款给付办法”的比例计算，仅16438.87元，远远不能反映实际价值，而且“办法”没有具体规定汪伪“储备券”的折合率，采用此数根据不足，故不列入负债项目，改作后备资料。① 另外，在核算时，发现1955年那次清估有好多出入，如1955年清估时，积欠用户保证金是8172293.75元，当时就注明采用水电售价折算办法，与其他公用事业计算办法不一致，且与中方对原企业固定资产的核算办法相差较大。1973年核算时，认为采用“解放前银钱业未清偿存款给付办法”的偿还标准计算比较合理，故这次清算的标准是2830635.70元，比1955年清估时要少得多。再如职工退休金一项，1955年清估的标准是4410125.66元，当时就注明经此次复查，发现计算有错误，此数无根据。到1973年清算时是根据原企业1953年10月底在册职工名单按原企业规定计算，故清算出的标准是2901019.47元。②

法资在华企业的清估到1973年8月完成。经过清查核算，3

① 上海市档案馆、财政部财政科学研究所编：《上海外商档案史料汇编》(六)，1987年内部整理编辑，第95页。

② 上海市档案馆、财政部财政科学研究所编：《上海外商档案史料汇编》(六)，1987年内部整理编辑，第95页。

7 月，毛泽东在会见美国记者斯诺时，向他阐述了中共对外国资本主义经济的政策。他明确指出，苏维埃政权要同友好国家进行互助互利的贸易，“苏维埃政府欢迎外国资本的投资”①。1944 年 8 月，中共中央发出《关于外交方针的指示》，指出，“在双方有利的原则下，我们欢迎国际投资与技术合作。”② 1945 年 9 月 2 日，中央发布《中央关于新解放城市中的工作的指示》指出，“美英投资的重要企业（例如开平煤矿）则不应破坏，我所需要之器材应与其洽商或买或捐不加强迫。”③ 1948 年 12 月 25 日，刘少奇在论述新中国经济方针时明确提出：“外国人在中国开的矿山、工厂等，是否可以采取国家资本主义的办法？如果没有毛病，或没有大毛病，是可以采用的，可以颁布法律使其接受我们的监督，甚至还可能让他们新办一些企业。”④

中国共产党在新民主主义革命时期提出的同西方资本主义国家发展经济关系，利用外资实现社会主义工业化的思想和具体做法，为新中国成立后中共利用资本主义建设社会主义思想的展开奠定了基础。当然，受国际国内环境变化因素的影响，加上主观认识的片面性，中国共产党对外国资本主义经济的认识经历了一段反反复复的变化过程。

---

① 毛泽东：《毛泽东文集》第 1 卷，人民出版社 1993 年版，第 393 页。

② 中央档案馆编：《中共中央文件选集》第 12 册，中共中央党校出版社 1986 年版，第 575 页。

③ 中央档案馆编：《中共中央文件选集》第 13 册，中共中央党校出版社 1987 年版，第 141 页。

④ 中央文献研究室编：《刘少奇论新中国经济建设》，中央文献出版 1993 年版，第 53 页。

一、新中国成立之初中国党和政府的认识及政策

新中国成立初期，中国共产党虽然在政治上采取了“一边倒”的政策，但是经济上并没有“一边倒”。原因就是“俄国人在战争期间损失惨重，战后会全力忙于自己的重建工作”[①]。“因为苏联及其他人民民主国家也需要很大的资金去发展他们的工业。”[②] 现实条件的制约和新中国成立以前关于同西方国家发展经济合作的设想，促使中国共产党在新中国成立之初就开始思考如何利用外国资本主义经济来建设社会主义的问题。

（一）对资本主义在华企业的态度及政策

新民主主义革命时期，中国共产党对资本主义在华企业采取了利用和保护政策，实践表明这是一种关乎中国社会发展的战略思考。新中国成立后，如何对待资本主义在华企业？这需要中共进行新的思考。

据统计，新中国成立前后，外资在华企业有1700多家，投资总额为8.6亿美元，其中英资企业有299家，美国紧列其后，有212家。[③] 对这些外资企业，中国共产党没有简单地停留在“打倒帝国主义”等标语口号上，而是明确区分了外国在华经济事业与帝国主义对中国的经济控制权，在坚决摧毁帝国主义对

① ［美］约瑟夫·W. 埃谢里克编著：《在中国失掉的机会——美国前驻华外交官约翰·谢伟思第二次世界大战时期的报告》，罗清、赵仲强译，国际文化出版公司1989年版，第259页。

② 刘少奇：《刘少奇选集》下卷，人民出版社1985年版，第6页。

③ 徐京利：《另起炉灶——崛起巨人的外交方略》，世界知识出版社1998年版，第290页。

有重大影响而处理后对中国有利无害或利多害少者，首先予以处理；尚对中国经济有利或利多害少者，可较缓处理，但也应加强管制。(3) 对首先处置的外资企业，视情况按军事管制全面接管及没收程序加以处理。(4) 银行、保险、进出口业及轮船业，可较缓处理。(5) 处理外资企业应有公开的法律依据。①

1952 年 7 月 5 日，中国外交部就英国有关中英贸易问题的照会发表《声明》，指出："中国政府愿与各外国的政府和人民在平等和互利的基础上恢复与发展国际间的通商贸易关系；一切遵守中国政府法令的在华外侨外商，都可得到各级人民政府的保护。"② 但是，许多资本主义在华企业因在华特权的丧失，加上以美国为首的西方资本主义国家对华的经济封锁，使得众多资本主义在华企业陷于无法维持的境地，许多企业只好申请歇业或转让给中国政府抵偿债务或自行放弃经营由中国政府作价收购。据统计，从新中国成立初到 1953 年，外资企业由 1192 个减至 563 个，所属职工由 12.6 万人减至 2.3 万人，所有资产由 12.1 亿元减至 4.5 亿元。其中，英商企业由 409 个减至 223 个，职工由 10.4 万人减至 1.5 万人，资产由 6.9 亿元减至 3.1 亿元；美商企业由 288 个减至 69 个，职工由 1.4 万人减至 1500 人，资产由 3.9 亿元减至 1600 万元。③

1953 年，资本主义工商业社会主义改造的政策确立后，剩

① 裴坚章主编：《中华人民共和国外交史》(1949—1956)，世界知识出版社 1994 年版，第 265—266 页。

② 《新华月报》1952 年第 8 期，第 41 页。

③ 赵德馨主编：《中华人民共和国经济史》(1949—1966)，河南人民出版社 1988 年版，第 70 页。

余在华外资企业的经营受到限制并逐渐开始收缩，到1956年社会主义改造完成前后，大部分外资在华企业被收购、代管、接管、转让甚至自行歇业。除全部清理完美国产业外，英国在华金融分支机构全部结束业务，其在华企业总资产的93.1%清理完毕，法国在华企业总资产的98.9%清理完毕，其他国家的在华企业的总资产的55.4%清理完毕；共处理地产面积的98.9%，房产的近90%。经过扫尾工作，所剩外国企业不到10家，清理外国在华企业和房地产的任务基本完成。①

（二）“也要同资本主义国家做生意”

“也要同资本主义国家做生意”，早在开国前夕中共开始确立“一边倒”政策时就提出来了。1949年3月，毛泽东在七届二中全会上指出：“关于同外国人做生意，那是没有问题的，有生意就得做，并且现在已经开始做，几个资本主义国家的商人正在相互竞争。我们必须尽可能地首先同社会主义国家和人民民主主义国家做生意，同时也要同资本主义国家做生意。”② 4月21日，朱德在新民主主义青年团第一次全国代表大会上提出：我们要同苏联和其他社会主义国家做生意，也要同日本、美国等国做生意。③ 4月28日，毛泽东在致邓小平、刘伯承、陈

---

① 裴坚章主编：《中华人民共和国外交史》（1949—1956），世界知识出版社1994年版，第269—270页；《新华月报》1952年第8期，第41页；赵德馨主编：《中华人民共和国经济史》（1949—1966），河南人民出版社1988年版，第70页。

② 毛泽东：《毛泽东选集》第4卷，人民出版社1991年版，第1435页。

③ 王向立：《朱德经济思想学习笔记（下）》，《党的文献》1989年第6期。

愿意在这方面，贡献自己的力量。”① 同年9月，外贸部长叶季壮在发表的一篇文章中指出：“我们将继续扩大对苏联和各个人民民主国家的贸易；并且继续开展对东南亚邻邦的贸易；同时，我们也愿意在平等、互利的原则下，恢复和增加对西方国家的贸易。我们从来不忽视和世界上一切国家发展贸易的一切可能性。因为这是符合东方和西方各国人民之间和平通商的愿望的。”②

朝鲜战争结束以后，国际形势出现了缓和的趋势，中国共产党抓住这一有利时机，更加强调发展与资本主义国家经济关系。1953年10月8日，中央在批准对外贸易部工作指示中指出：“与资本主义国家进行贸易，对我国经济建设是有一定需要的，对加强世界和平民主是有很大的、积极的作用的，因此，必须依照平等互利的原则积极去开展。”③ 1954年8月12日，周恩来指出：“中国六亿人口的市场很大，同中国发展贸易很有前途，西方国家都懂得这一点。我们跟西方国家改进关系，在政治上是和平，在经济上是贸易。”④ 同年10月11日，他再次强调：“中国经济发展起来了，市场扩大了，就更需要同世界互通有无，开展贸易，贸易额也就会增加起来。”⑤

其次，利用资本主义国家之间的矛盾，打开突破口。新中

---

① 《新华月报》1952年第4期。

② 《新华月报》1952年第10期。

③ 中国社会科学院、中央档案馆编：《中华人民共和国经济档案资料选编》（1953—1957）综合卷，中国物价出版社2000年版，第863页。

④ 周恩来：《周恩来外交文选》，中央文献出版社1990年版，第89页。

⑤ 周恩来：《周恩来外交文选》，中央文献出版社1990年版，第157页。

国的成立，打破了美国在东亚的政治秩序，于是，以美国为首的若干资本主义国家加紧对中国进行经济上的封锁和禁运。但是，一些资本主义国家与中国有着长期的经济关系，封锁和禁运同样也会使这些国家受损，另外，资本主义国家之间也存在矛盾。针对这种情况，中国共产党认为资本主义国家不是铁板一块，利用它们之间的矛盾，积极寻找突破口。早在 1949 年 8 月，陈云在上海召开的有华东、华北、华中、东北、西北五个地区财经部门领导干部会议上就指出："我们要准备帝国主义的长期封锁，不仅是目前的军舰、飞机、水雷的封锁，在经济上也要准备他们不买我国出口的货物，不卖给我们需要的东西。当然，他们不可能把我们完全封锁死。从香港多少可以进出一些。广州解放后，南边即可有一条通路。帝国主义之间有矛盾，我们可以利用，你不做生意，他还要做生意。"①

新中国成立之初，为了冲破西方资本主义国家的经济封锁，中国共产党积极争取同西北欧一些资本主义国家发展关系。这些国家较快地承认了新中国，有些国家在不长时间内还同新中国建立了外交和贸易关系。1952 年在莫斯科国际经济会议上，中国代表团同与会的 40 多个国家的工商界人士进行了广泛接触，探讨开展贸易问题，并与英国、法国、联邦德国等 11 个国家的工商团体和企业签订了贸易协议。1953 年 7 月，中国在东柏林设立中国进出口公司代表处，开辟了中国同西欧国家直接进行民间贸易的渠道和窗口。

朝鲜战争爆发后，英国追随美国的封锁禁运政策，但因它

---

① 陈云：《陈云文选》第 2 卷，人民出版社 1995 年版，第 2 页。

要求的。”[①] “为了利用外国资本以促进中国的工业化，某些事业的和外资合营及成立这种合股公司甚为必要，不独和苏联，和各新民主国家以至和某些资本主义国家还可能在适当条件下订立这种合营合同，甚至租让合同”，并要求各级领导对群众进行解释和说服工作。[②] 1950年当中国与苏联签订了三个合资企业协定后，4月5日《人民日报》发表社论指出：用外资和技术来发展我国经济建设是一件大事，不独是和苏联，就是和其他新民主主义国家，以至某些资本主义国家；不独开办这三个合股公司，就是开办其他适当的合股公司以至实行某些事业的租让，在事实上有时也还是需要的。

与此同时，中国共产党还纠正“技术一边倒”的口号，主张学习资本主义国家的先进技术。1953年4月，中央针对当时“技术一边倒”口号流行颇广的现象，专门发出指示，纠正“技术一边倒”口号。指示指出：“技术问题和政治问题不同，并没有阶级和阵营的分别，技术本身是能够同样地为各个阶级和各种制度服务的。在技术上并不存在不是倒向这边就一定倒向那边的问题。……学习苏联的先进科学和技术，并不排斥可以吸收资本主义国家中技术上某些好的对我们有用的东西。而‘技术一边倒’的口号的片面性和它的不能服人的地方，就在于好像我们完全拒绝这种必要性似的。”[③] 这表明中国共产党在新中

① 刘少奇：《刘少奇论新中国经济建设》，中央文献出版社1993年版，第151页。

② 刘少奇为中共中央起草的党内指示电，1950年3月20日。

③ 中国社会科学院、中央档案馆编：《中华人民共和国经济档案资料选编》（1953—1957）综合卷，中国物价出版社2000年版，第862页。

国成立之初就已经意识到技术是非阶级性的，它不姓“资”，也不姓“社”，可以为各种制度服务，这在当时的政治环境下是难能可贵的。1955 年初，中国向瑞士订购了五套列车电机设备。瑞士成为西方世界中第一个向中国出口成套设备的国家。

当然，利用资本主义国家的资金和技术的设想在当时两大阵营对峙的体制下是很难付诸实践的，朝鲜战争爆发后，中共的这种设想就不得不暂时中断。1953 年中国共产党过渡时期总路线提出以后，在社会主义单一公有制理念的指导下，利用资本主义国家的外资已成妄想，就是与社会主义阵营的国家进行合资合作也不可能，苏联 1954 年将 4 个合资公司中的股份移交给中国就是例证。

二、八大前后中国共产党的认识及政策

新中国成立初期，中国共产党虽然没有放弃利用外国资本主义经济来恢复和发展国民经济的设想，但由于当时国际环境及“一边倒”政策的限制，这一设想没有也不可能有重大发展。

从 1954 年开始，世界形势发生很大变化。1954 年朝鲜停战后，印度支那战争也将停止，亚洲出现了缓和局势。欧洲方面也由于 1955 年苏联与西方国家签订了《奥地利国家条约》而出现缓和迹象。国际形势的改变使得西方国家急切希望同中国发展经济关系，西方国家也开始放松对中国的禁运。与此同时朝鲜战争结束后，中国面临着艰巨的国内建设任务，需要有一个和平友好的国际环境，这也促使中国需要通过和平共处原则来广交朋友。“朝鲜停战协定的签字，显然是整个和平民主阵营在

这些都应当有原则地好好学过来，以利于改进我们的工作。”①

周恩来也持同样的观点。1956 年 5 月周恩来在国务院司局长以上干部会议上指出：“不仅要向苏联学习，向兄弟国家学习，而且要向世界上一切国家学习，包括向和平中立的国家，如印度、缅甸、印度尼西亚、埃及等国家学习。就是日本、英国和美国，它们也有长处，我们也可以学。除了它们的国家制度我们不学以外，资本主义生产上的好的技术、好的管理方法，我们是可以学的。”② 1956 年 10 月 10 日，周恩来对英国来宾说，美国人的技术我们也需要，我们不排斥西方，只有相互帮助，各国的经济才能发展得快。

在提出要学习资本主义国家的科学技术和管理经验的思想的同时，对于学习的一些原则，中共领导人也提出了一些建设性的思想。

1. 要从思想上破除社会主义一定优越资本主义的迷信观念。新中国成立初，在相当多的人看来，社会主义一定优越于资本主义。正如毛泽东在《论十大关系》中指出的那样，对于向资本主义国家学习，“现在有些国家的领导人就不愿意提，甚至不敢提这口号”。“现在，学英文的也不研究英文了，学术论文也不译成英文、法文、德文、日文同人家交换了。这也是一种迷信。”③ 要想

① 毛泽东：《毛泽东文集》第 7 卷，人民出版社 1999 年版，第 41、43 页。

② 周恩来：《周恩来外交文选》，中央文献出版社 1990 年版，第 160—161 页。

③ 毛泽东：《毛泽东文集》第 7 卷，人民出版社 1999 年版，第 41、43 页。

向资本主义国家学习，首先就得破除这个“迷信”。

毛泽东强调：“这是要有一点勇气的，就是要把戏台上的那个架子放下来。”“应当承认，每个民族都有它的长处，不然它为什么能够存在？为什么能发展？同时，每个民族也都有它的短处。有人以为社会主义就了不起，一点缺点也没有了。哪有这个事？”① 1956 年 5 月 3 日，周恩来在《向一切国家的长处学习》一文中也指出：“我们坚决地站在社会主义阵营方面，这是一回事，但这并不等于说，社会主义阵营一切都好，非社会主义阵营一切都不好。从社会制度来说，两种制度是对立的，社会主义制度一定会在全世界代替资本主义制度，这是世界的前途，这是社会发展的必然性。但这并不是说，非社会主义制度的各个国家就没有可学的地方。”所以要“敢于向一切国家的长处学习，就是最有自信心和自尊心的表现，这样的民族也一定是能够自强的民族”。② 1957 年 3 月 21 日刘少奇在湖南视察时指出，“‘我是社会主义，就比私人资本主义先进’。这种迷信思想要不得，一定要去掉，实际上现在在某些方面社会主义比私人资本主义落后。只要我们去掉这种迷信思想，我们有人有钱，社会主义的名声又好，靠这样多的优越条件，再加上学习私人资本主义的先进经验，社会主义就一定会竞争赢资本主义。否则，就是资本主义优越于社会主义。”③ 同年 4 月，刘少奇同广

① 毛泽东：《毛泽东文集》第 7 卷，人民出版社 1999 年版，第 41 页。

② 周恩来：《周恩来外交文选》，中央文献出版社 1990 年版，第 158—159 页。

③ 刘少奇：《刘少奇论新中国经济建设》，中央文献出版社 1993 年版，第 333 页。

东省委负责同志谈话时再次强调："不要迷信社会主义一定比资本主义进步，做的结果，我们很多地方还不如资本主义，什么时候国营商业能让群众方便地买到又便宜又新鲜的蔬菜，才能显出社会主义的优越性。"① 只有我们从思想上端正对社会主义和资本主义的认识，才能为我们向资本主义学习打下思想基础。

2."必须有分析有批判地学，不能盲目地学，不能一切照抄，机械搬运。他们的短处、缺点，当然不要学"。② 首先，对于资本主义腐朽制度和思想作风，我们要批判，不能学，毛泽东指出，我们在学习外国技术和管理经验时要注意，"外国资产阶级的一切腐败制度和思想作风，我们要坚决抵制和批判。但是，这并不妨碍我们去学习资本主义国家的先进的科学技术和企业管理方法中合乎科学的方面。工业发达国家的企业，用人少，效率高，会做生意，这些都应当有原则地好好学过来，以利于改进我们的工作"③。其次，要有取舍，反对照抄照搬。"但是一切外国的东西，如同我们对于食物一样，必须经过自己的口腔咀嚼和胃肠运动，送进唾液胃液肠液，把它分解为精华和糟粕两部分，然后排泄其糟粕，吸收其精华，才能对我们的身体有益，绝不能生吞活剥地毫无批判地吸收。"④ 即使是外国的长处，不能盲目地学，学习要结合中国的实际，要同创造结合起来。"在技术方面，我看大部分先要照办，因为那些我们现在

① 刘少奇：《刘少奇论新中国经济建设》，中央文献出版社1993年版，第346页。

② 毛泽东：《毛泽东文集》第7卷，人民出版社1999年版，第41页。

③ 毛泽东：《毛泽东文集》第7卷，人民出版社1999年版，第43页。

④ 毛泽东：《毛泽东选集》第2卷，人民出版社1991年版，第707页。

还没有，还不懂，学了比较有利。但是，已经清楚的那一部分，就不要事事照办了。”① 在反对社会主义一定优越于资本主义错误倾向的同时，也要批评在资本主义面前自惭形秽的倾向。为此，毛泽东尖锐批评了那种在外国人面前的“贾桂精神”，他说：“有些人做奴隶做久了，感觉事事不如人，在外国人面前伸不直腰，像《法门寺》里的贾桂一样，人家让他坐，他说站惯了，不想坐。”② 强调在同资本主义国家发展经济关系的时候，要树立民族自信心。

3. “派出去”“请进来”。学习资本主义的先进技术和管理经验可以有多种渠道。一是“派出去”，即派人到资本主义国家去取经。正如毛泽东所说的，“要派人到资本主义国家去学技术，不论英国、法国、瑞士、挪威，只要他要我们的学生，我们就去嘛！”③ 二是“请进来”，即把外国人请进来。1956 年 9 月 27 日，毛泽东在同波兰统一工人党代表团的谈话中指出：中国是世界和人类的组成部分，中国人不自私自利。中国是一张白纸，你们可以在这张纸上写字，你们的科学和文化可以驰骋在这张纸上。在中国人生活的这块土地上，各国都有份。④

（二）发展与资本主义国家经济关系

中国共产党在强调学习资本主义国家先进技术和管理经验

---

① 毛泽东：《毛泽东文集》第 7 卷，人民出版社 1999 年版，第 42 页。

② 毛泽东：《毛泽东文集》第 7 卷，人民出版社 1999 年版，第 43 页。

③ 薄一波：《若干重大决策与事件的回顾》（修订本）上卷，人民出版社 1997 年版，第 500 页。

④ 转引自石仲泉：《毛泽东的艰辛开拓》，中共党史出版社 1996 年版，第 222 页。

的同时，也提出要与资本主义国家发展经济关系。1956 年 5 月 22 日，周恩来在会见澳大利亚《悉尼先驱晨报》记者时指出：一个国家如果要建设工业，要摆脱落后，主要依靠自己的努力，但是也不可能关着门干，不同其他国家发展经济合作。其他国家，包括西方国家在内如果愿意帮助我们，那是我们非常高兴的。[①] 同年 10 月 10 日，周恩来在同来访的英国客人谈话时又指出：美国人的技术我们也需要，我们不排斥西方，只有相互帮助，各国的经济才能发展得快。[②] 在党的八大上，周恩来代表中央提出："我国要建立起一个完整的工业体系，在长时期内还需要苏联和各人民民主国家的援助，同时也需要同其他国家发展和扩大经济、技术、文化的交流。"[③] 1957 年 9 月，周恩来在会见美国客人时又进一步指出：任何一个国家在建设中，任何一个国家在这个世界上，不可能完全关闭自给，总是要互相需求，首先就是贸易的往来，技术的合作。这对我们中美两国也不例外。[④]

发展与资本主义国家经济关系，主要表现在以下两个方面。首先是发展与资本主义国家贸易关系。中共八大前后，中国共产党进一步采取措施来加强与资本主义国家贸易关系。1955 年后，中国从西欧国家进口了许多经济建设所需要的物资。1956

① 中共中央文献研究室编：《周恩来年谱》（1949—1976）上卷，中央文献出版社 1997 年版，第 579 页。

② 中共中央文献研究室编：《周恩来年谱》（1949—1976）上卷，中央文献出版社 1997 年版，第 626 页。

③ 周恩来：《周恩来选集》下卷，人民出版社 1984 年版，第 226 页。

④ 中共中央文献研究室编：《周恩来年谱》（1949—1976）中卷，中央文献出版社 1997 年版，第 75 页。

年秋，在广州举办了第一次出口商品交易会，以后，“广交会”就成为中国同资本主义国家进行贸易的一种重要形式。到 1957 年年底，中国对西方资本主义国家的贸易额比 1952 年增长了 6 倍多。[①] 其次是再次提出了利用外资的设想。1955 年底毛泽东在广东视察时，广东省委负责人向毛泽东建议：“我们可以向香港银行贷款，然后在国内某个地方办工厂，发展工业。”毛泽东听后告诉他们：“你们的想法不错，写个报告，我把这个意见带回北京去商量。”[②] 1957 年 1 月 12 日，周恩来在与波兰外宾的谈话中指出：向西方国家借款，在某一时期可以争取，但必须在平等互利的基础上进行。如领导运用得好，会得到好处。[③] 在当时环境下，能提出这样思想是非常难得的。

三、八届三中全会后中共的曲折认识及政策（1957—1978）

八大前后，中国共产党对外国资本主义经济的认识提出了许多有建设意义的思想观点。但是，在当时的环境下，中国共产党还不可能把这些认识上升到社会主义经济理论的高度，当作社会主义的一项基本国策去思考。随着国际国内形势的变化，中国共产党对外国资本主义经济的认识经历了一段曲折的过程。

---

① 沈觉人：《当代中国对外贸易》，当代中国出版社 1992 年版，第 23 页。

② 转引自顾龙生主编：《中国共产党经济思想史》，山西经济出版社 1996 年版，第 502 页。

③ 中共中央文献研究室编：《周恩来年谱》（1949—1976）中卷，中央文献出版社 1997 年版，第 9 页。

（一）中国共产党对外国资本主义经济认识的误区

八大前后，中国共产党能够对外国资本主义经济产生一些正确的认识，与当时缓和的国际形势有很大关系。但是 1956 年以后国际形势又逐渐紧张，包括苏共二十大后，国际上出现反苏反共逆流；美国继续到处制造紧张局势，干涉别国内政，特别是对台湾问题的干涉；社会主义阵营内部又相继发生波兰、匈牙利事件，60 年代初苏联背信弃义，毁约逼债，再加上国内政治形势的变化等等。这样的背景下，中国共产党对世界局势和国内主要矛盾的估计逐渐严峻化，过分强调社会主义与资本主义之间的对立关系，对外国资本主义经济的认识也逐渐陷入误区。

国际形势的紧张，使得毛泽东和中共中央开始特别强调社会主义和资本主义之间的对立，认为国际局势是“东风压倒西风”，于是开始放弃了向资本主义国家学习的思想。1957 年 6 月 28 日，周恩来在批判否定向苏联学习必要性的观点时说：“我们从事社会主义建设，不向苏联学习，难道向美国学习建设资本主义经验么？”① 1957 年 7 月 15 日，中苏友好协会秘书长钱俊瑞在批判向美国学习的观点时则进一步指出：“对于美国这样的帝国主义国家，我们全体人民的意志是：决不可亲，决不可学。”② 1958 年 5 月 5 日，刘少奇在八大二次会议上指出，“我们的六亿人口在革命觉悟高涨和革命斗争胜利的速度方面，已经远远地超过了西方最发达的资本主义国家，而在经济文化发展的速度

---

① ［苏］奥·鲍·鲍里索夫、鲍·特·科洛斯科夫合著：《苏中关系》，三联书店 1982 年版，第 73 页。

② 转引自黎青平：《毛泽东邓小平与对外开放》，中共中央党校出版社 1998 年版，第 76 页。

方面也必然远远地超过它们。……我们必然在很短的历史时期内把世界上所有资本主义国家远远地抛在我们后面。”① 1958年5月29日《人民日报》发表社论指出：在伟大的中国和以伟大的苏联为首的社会主义阵营面前，什么美国英国，什么帝国主义阵营，真正不过是一些侏儒罢了。既然资本主义不如社会主义，那么就不必要向它们学习，建设就只靠自力更生。不要设备，可以万事不求人，自力更生。那么群众式的“大跃进”运动就被认为是最好的方法了。

与此同时，针对南斯拉夫在50年代积极发展与资本主义国家经济关系，利用外资等做法，中国共产党也进行批判。认为南斯拉夫的做法是“混淆了社会主义与资本主义的两个根本不同的社会制度的区别”，“正是大量美援和美国生活方式的输入，引起了南斯拉夫领导集团意志的变化，形成了南斯拉夫领导集团的一套修正主义的思想体系，决定了南斯拉夫反苏、反共、反社会主义阵营、反本国社会主义的内外政策”②。对南斯拉夫的批判，也从反面揭示了中国共产党对外国资本主义经济的态度。既然社会主义各个方面都超过资本主义，那么，社会主义就不必积极发展与资本主义国家经济关系，更不必向它们学习了。事实上，1957年以后，就很难听到像1956年那样的强调向资本主义国家学习的话了。

60年代初，中苏关系恶化，为了克服经济困难，实现赶超战略，中国共产党虽然被迫把发展对外经济关系的目光转向了

---

① 中共中央文献研究室编：《建国以来重要文献选编》第11册，中央文献出版社1995年版，第323—324页。

② 《红旗》1958年第1期。

西方国家。但是对发展与西方国家经济合作关系的态度还没有发生根本变化，还存在很多误区，具体表现在以下几个方面。

首先，在决定从西方国家引进后，毛泽东曾说，引进西方的设备只做不宣传。为什么不宣传？就是为了防止给人造成中国对西方国家经济关系政策发生变化的错觉。

其次，继续批判社会主义阵营学习和利用资本主义的做法，认为是“修正主义”。1960年中国共产党继续对铁托领导的南斯拉夫改革进行批判，认为南斯拉夫与西方合作的措施，“是什么合作呢？无产阶级同资产阶级‘合作’保护资本主义吗？殖民地半殖民地人民同帝国主义‘合作’保护帝国主义制度去压迫本国人民、镇压民族解放战争吗？”指责铁托的世界“经济一体化”是“公然为美帝国主义的反革命计划效劳，成为美帝国主义推行反革命战略的一个重要方面军”①。与此同时，对苏联的和平共处政策也进行批判。1963年12月12日，中央发表《两种根本对立的和平共处政策》，指责：“美国是一个帝国主义国家，苏联是一个社会主义国家，你们怎么能够设想，这两个社会制度根本对立的国家，可以实行‘全面合作’呢？”“美国同其他帝国主义大国之间，尚且是尔虞我诈，钩心斗角，美国必欲把它们踩在自己脚下而后已，你们怎么能够设想，帝国主义的美国，会同社会主义的苏联融洽相处呢？”② 对社会主义国家发展与资本主义国家经济关系的批判，表明中国共产党对资

① 转引自黎青平：《毛泽东邓小平与对外开放》，中共中央党校出版社1998年版，第89页。

② 中共中央文献研究室编：《建国以来重要文献选编》第17册，中央文献出版社1997年版，第564页。

本主义经济的认识没有发生变化，把对与资本主义国家的经济合作看作是“修正主义”，是社会主义的禁区。

最后，利用外资被看作是社会主义的禁区。受苏联逼债和国际形势严峻的影响，以毛泽东为首的党中央放弃了利用外资的设想。1959 年 1 月 12 日，毛泽东在与巴西客人谈话时指出，“中国的建设资金不靠任何国家的贷款。”① 60 年代初，苏联在中国最困难的时期毁约逼债，受此刺激，以毛泽东为首的党中央把引进外资更是当作社会主义的禁区来看待，产生了“既无内债，又无外债”“无债一身轻”的思想。对于利用外资，毛泽东说，“还是靠自力更生，事情总是起变化的。‘只要有利，向魔鬼借钱也可以。’我们不走这条路。‘魔鬼’不给我们贷款，很好；要贷给我们，我们也不要。”② 1964 年 9 月 20 日，毛泽东在接见阿尔及利亚政府经济代表团时说：“技术、资金从哪里来呢？任何外国不贷款给我们，我们也不愿向外借。技术从哪里来？都得靠自己……欠了一身债日子是不好过的。”③ 正是因为欠债日子不好过，所以“取消援助最好，外国也取消了对我们的援助”④。1966 年 7 月 11 日，毛泽东在接见尼泊尔太子比兰德拉时又说道，“现在外债已经还清，只有内债，再过两年也可以还清，

---

① 顾龙生编著：《毛泽东经济年谱》，中共中央党校出版社 1993 年版，第 443 页。

② 顾龙生编著：《毛泽东经济年谱》，中共中央党校出版社 1993 年版，第 598 页。

③ 顾龙生编著：《毛泽东经济年谱》，中共中央党校出版社 1993 年版，第 611 页。

④ 顾龙生编著：《毛泽东经济年谱》，中共中央党校出版社 1993 年版，第 625 页。

那时就‘无债一身轻’了。我们是被迫的。你们应逐步做到不要借外债。”①

“文化大革命”爆发后，在极“左”的思想指导下，加上林彪、“四人帮”的扩大和利用，中国共产党对外国资本主义经济的认识更加陷入误区。

首先，接二连三地对苏联发展与资本主义国家经济关系的做法进行批判。针对苏联引进日本技术开发资源的做法，1968 年 1 月《人民日报》指责苏联是“引狼入室”；针对苏联向西方开放旅游的做法，1968 年 7 月《人民日报》指责这是“竭力迎合帝国主义要苏联变成所谓开放社会的旨意”，“把苏联变成西方资产阶级的天堂”；针对苏联向西方国家举借外债的做法，1969 年 5 月 11 日《人民日报》指责这是“一手向人家掠夺，一手向人家乞讨”，“这是苏联叛徒集团假社会主义的一大特色”。

其次，对国内对外国资本主义经济的正确认识进行批判。在林彪、“四人帮”集团的推波助澜之下，把学习和引进国外的先进技术、设备和管理经验批判为“崇洋媚外、丧权辱国”，把正常的对外经济交往和引进合作污蔑为“洋奴哲学”和“爬行主义”。1969 年《红旗》杂志第 10 期发表文章批判刘少奇在新中国成立初期提出的允许资本主义国家到中国投资和关于学习资本主义国家管理经验的观点，指出：利用外资是出卖国家主权，让帝国主义继续操纵中国的经济命脉，学习资本主义国家建设经验就是照搬西方资本主义的一套，把社会主义工业倒退

---

① 顾龙生编著：《毛泽东经济年谱》，中共中央党校出版社 1993 年版，第 640 页。

为资本主义工业。1974 年《红旗》杂志第一期对于 70 年代初周恩来等人的从西方引进技术设备的做法进行批判，指出：依赖引进外国的技术、设备来发展工业，不仅不是什么“捷径”，而且是一条弯路、邪路。那种要走“捷径”的想法，实际是懒汉惰夫世界观的表现。针对 1975 年邓小平主持中央工作期间，主张发展与资本主义国家的经济关系，提出引进西方国家技术设备开采煤矿，用生产出来的煤炭偿付的做法，1976 年《红旗》第 7 期批判指责：这是一个地地道道的崇洋媚外、投降卖国的“大政策”。

最后，对外国资本主义经济的极“左”思想导致中国共产党继续把利用外资作为社会主义的禁区。1970 年 8 月 11 日，毛泽东在接见从资本主义国家来的外宾时说：“我们是社会主义国家，既然叫社会主义，就不应要求跟你们搞合营，这个道理很清楚。”① 1972 年 8 月，外贸部在接见日本三菱访华团时指出：“中华人民共和国不允许外国人在中国投资。”这样，贷款和直接投资就被列为对外经济关系的重要禁区。“社会主义中国根本不会引进外国资本和同外国共同开发本国或他国的资源；根本不会同外国搞联合经营……”② 如果违反了这个禁区，就被看为是“邪路”，是“修正主义”。在不要利用外资的错误思想指导下，当时的中国共产党甚至认为社会主义国家不应该接受外援，不搞补偿贸易，不向国外投资。

---

① 顾龙生编著：《毛泽东经济年谱》，中共中央党校出版社 1993 年版，第 648 页。

② 转引自黎青平：《毛泽东邓小平与对外开放》，中共中央党校出版社 1998 年版，第 96 页。

（二）误区中的探索

需要指出的是，中国共产党在这一时期对外国资本主义经济的认识虽陷入误区，但还没有完全陷入误区。中国共产党对外国资本主义经济认识的曲折过程是在困惑和矛盾、正确和错误的交织中发展，这同样也印证了党的认识的不成熟性。其中正确的一面主要表现在，以毛泽东为代表的党中央在60年代初在发展与苏东国家经济关系受挫后，并没有完全走向闭关锁国，而是把目光转向资本主义国家，并且抓住70年代初有利的国际环境积极扩大与资本主义国家的经济关系。

1. 目光转向资本主义国家（1960—1965）

1960年中苏关系恶化，中国与苏东国家发展经济关系陷入困境，为了摆脱中国的困境，实现既定的赶超战略，以毛泽东为首的党中央在强调自力更生的同时，把目光也转向资本主义国家。

第一，从西方国家引进技术。先进技术对于实现赶超战略至关重要，所以对于技术的引进在毛泽东及其他决策者眼里非常重视。正如周恩来所说的，“处在六十年代，技术更是日新月异。你有这，他有那，需要交流。特别是经济不发达的国家，更需要发达国家的技术和设备。”[①] 1959年5月11日，周恩来就强调，“任何访问都要带些经济性，派些真正搞科学、技术的人去”，“我们出国访问一定要向人家学一些东西回来，人家有一技之长都要学。”[②] 1964年12月，在三届人大一次会议上的

---

① 转引自黎青平：《毛泽东邓小平与对外开放》，中共中央党校出版社1998年版，第118—119页。

② 中共中央文献研究室编：《周恩来年谱》（1949—1976）中卷，中央文献出版社1997年版，第226页。

《政府工作报告》中，周恩来再次强调：“外国一切好的经验、好的技术，都要吸收过来，为我所用。”①

对于这一点，毛泽东强调得最多。1960 年，毛泽东在会见尼泊尔首相时指出：“我们当学生，现在还在当学生，如尖端科学，苏联、美国、英国有，我们没有，这就要学习他们。每个民族都有长处，都有缺点。所以要学习每个民族的长处，不管民族的大小。”② 1963 年 7 月 22 日，毛泽东在会见澳大利亚共产党左派希尔夫妇时说：无产阶级要向资产阶级学技术，比如我们，现在就向资本主义国家进口成套设备，包括从日本和英国，向他们学习技术。③ 对于为什么要向资本主义国家引进技术，毛泽东也做了说明。1963 年 6 月 4 日，毛泽东在会见越南劳动党代表团时指出：“同资本主义国家（法国、日本等）做生意，有两个好处：物美价廉，维修设备也卖给你，守信用。”④ 1964 年 1 月 5 日，毛泽东在与日本共产党政治局委员听涛会谈时再一次指出：“我们从日本资本家方面进口制造维尼隆的设备时，日本资本家把全部技术资料给我们。从欧洲进口的设备也是如此。而苏联总是对我们保留一部分关键性的东西，不告诉我们。”⑤ 正是基于这一点，毛泽东甚至说：我考虑在一定时候，可以让

① 周恩来：《周恩来选集》下卷，人民出版社 1984 年版，第 441 页。

② 顾龙生编著：《毛泽东经济年谱》，中共中央党校出版社 1993 年版，第 513 页。

③ 顾龙生编著：《毛泽东经济年谱》，中共中央党校出版社 1993 年版，第 583 页。

④ 顾龙生编著：《毛泽东经济年谱》，中共中央党校出版社 1993 年版，第 582 页。

⑤ 顾龙生编著：《毛泽东经济年谱》，中共中央党校出版社 1993 年版，第 589 页。

日本人来中国办工厂、开矿，向他们学技术。① 这实际上就提出了利用西方国家外资的思想。周恩来对发展中国家从国外引进工业设备、引进技术和资金的做法也积极表示肯定。

当然，毛泽东的利用资本主义国家技术思想也是不彻底的，仅限于工业。1965年，他说："工业从外国引进一些，比如尖端技术，要搞一些，但不宣传。至于农业，我们要靠（山东曲阜）陈家庄陈玉梅、（山西昔阳）大寨陈永贵。"②

正是在上述正确思想的指导下，在60年代初西方对中国的经济封锁有所缓和的形势下，新中国历史上第二次较大规模的引进外国技术设备的实践得以开展。1962年9月，经毛泽东批准，中国从日本进口了两套维尼纶成套设备。1963年，又先后从日本、英国、法国、联邦德国、瑞典、意大利等国引进14个成套设备项目和石油化工技术。1963至1964年间，党中央又批准冶金、精密机械、电子工业等行业的100多个项目向国外考察、询价和相机签约。1964至1965年，又从日本、法国等国家引进了液压机、电动气动量仪、重型汽车三个项目，并引进玻璃电极、微电机等7项技术和设备。1965年中央相继批转了《关于引进新技术工作几个主要问题的报告》和《关于科学技术对外工作的报告》，强调引进技术的重要性。到1966年"文革"开始以前，我国先后与日本、英国、法国、意大利、联邦德国、奥地利、瑞士、荷兰等国家签订石油、化工、冶金、矿山、塑

① 转引自武力主编：《中华人民共和国经济史》（1949—1999），上册，中国经济出版社1999年版，第571页。

② 转引自武力主编：《中华人民共和国经济史》（1949—1999），上册，中国经济出版社1999年版，第572页。

料、汽车、液压元件、电子、精密仪器等技术设备引进合同 84 项，总成交额为 2.8 亿美元，其中成套设备合同 56 项，用汇 2.6 亿美元，占全部引进的 90%以上。这为新兴工业的发展打下了一定的基础。

第二，学习西方国家先进管理经验。我国工业经济管理体制在建国后是参照苏联经验建立起来的，存在着单纯用行政办法管理经济的弊端。60 年代初期，在毛泽东、刘少奇、周恩来、邓小平的提议下，中央决定借鉴西方工业发达国家管理企业的组织形式，在工业、交通部门试办托拉斯，以改善我们的工业组织管理工作。

所谓托拉斯，就是产品相同的企业或生产有密切联系的企业组成联合经营的公司。早在 1958 年 3 月 9 日，毛泽东在成都中央工作会议上的讲话中就指出："工业发达国家的企业，用人少，效率高，会做生意，这些都应当有原则地好好学过来，以利于改进我们的工作。"① 1963 年 6 月 30 日，周恩来在全国经济工作座谈会上讲话时进一步提出要学习英国的管理经验。他指出："英国一个三百万吨的炼钢厂，只有两万个人，这个劳动定额多高呀，如果我们把它学来，就可以促进我们冶金工业的大发展。"② 10 月 24 日，刘少奇也强调："资本主义管理企业的经验，特别是搞垄断企业的经验要学习。"③ 为此，中央组织起草

---

① 毛泽东：《毛泽东著作选读》下册，人民出版社 1986 年版，第 742 页。

② 转引自黎青平：《毛泽东邓小平与对外开放》，中共中央党校出版社 1998 年版，第 119 页。

③ 刘少奇：《刘少奇论新中国经济建设》，中央文献出版社 1993 年版，第 527 页。

了《关于工业发展问题》的文件，决定将组织托拉斯为工业管理体制改革的重要措施。

如何创立托拉斯？1963 年 10 月和 12 月，刘少奇两次听取了薄一波同志关于工业问题汇报时都强调要对托拉斯问题好好研究。为此，国家经委同工业部和交通部收集并研究了《美国工业托拉斯的组织和管理》《美国通用汽车公司的组织结构、职权分工和管理情况》《美国石屋电器制造公司是组织管理情况》《日本工业公司管理体制演变的趋向》《英法煤炭工业的组织管理情况》《瑞士钟表工业的组织概况》《苏联早期采用托拉斯管理体制的演变情况》等参考资料。在此基础上，制定了《关于试办工业、交通托拉斯的意见报告（草稿）》。规定：托拉斯内部实行集中统一管理，统一规划和安排生产建设，综合利用资源，逐步形成产供销紧密衔接、专业化与协作生产密切结合、大中小工厂相互匹配的生产体系。刘少奇强调托拉斯要做到“计划统一”“价格统一”“物资调拨统一”，“要按经济管理的原则，考虑合理性”。组织形式有“紧密型”，即“人权、物权、财权全部统，工厂全部收”；“半紧密型”，即“只统一计划、价格、原材料供应和产品销售”；“松散型”，即“只管计划、安排任务、交流经验”。“几种形式都要有”，但是“统起来是主要的”。①

在党中央精心安排下，1964 年全国试办了 12 个托拉斯，其中全国性的 9 个，地区性的 3 个。“当年中央决定试办托拉斯，期望以此为契机，逐步改变中央权力过分集中而束缚生产力发

① 刘少奇：《刘少奇选集》下卷，人民出版社 1985 年版，第 473—474 页。

展的经济体制，是有远见卓识之举。少奇同志、周总理和小平同志为指导这一改革付出了很大努力”。[①] 但“文化大革命”爆发后，托拉斯就被认为是“复辟资本主义”而遭否定。

第三，重视发展与资本主义国家的对外贸易。在中国与苏东国家经济关系恶化，而西方国家对中国进行经济封锁和禁运已经破产之际，中国共产党开始把对外贸易的重点转移到资本主义国家。1961 年 3 月 13 日，朱德就指出，“今后对资本主义国家的贸易额要增加一些”[②]。1963 年 12 月 9 日，朱德在和全国物价委员会主任薛暮桥的谈话中又指出：“自力更生不是说样样东西都要自己制造，和其他国家在平等互利的原则基础上进行贸易，更有利于自力更生”[③]。他说的其他国家指的就是资本主义国家。为此，在 1963 年 5 月召开的对外贸易计划会议上，中央明确今后贸易的指导思想就是大力发展适应资本主义市场的出口商品生产。

为了与资本主义国家更好地进行贸易，党的许多领导人如周恩来、陈云和李先念等都提出了一些原则和措施。陈云在 1961 年 5 月指出出口商品一定要保证质量，要纠正“大跃进”时期大进大出，不顾质量的倾向，“我们的出口商品一定要保证质量，对外做生意不能出门不认账，要包退包换，建立信用。……对于出口的商品，一定要建立严格的质量检验制度，

① 薄一波：《若干重大决策与事件的回顾》（修订本）下卷，人民出版社 1997 年版，第 1226 页。

② 中共中央文献研究室编：《朱德年谱》，人民出版社 1986 年版，第 475 页。

③ 中共中央文献研究室编：《朱德年谱》，人民出版社 1986 年版，第 519 页。

不合标准的，一律不准出口”[①]。李先念强调要搞好“以进养出”的方式。1961年5月30日，他就强调：“以进养出的办法是对的，应当继续搞好。”[②] 1963年9月26日，他又指出：“应当不断总结经验，千方百计地积极地开展这项工作。”[③]

另外，要强调建立出口生产基地。1960年4月8日，周恩来在《关于成立生产基地局和抽调干部问题的请示报告》上批示：对外贸易部要搞好商品生产基地和基本建设很有必要。1961年5月陈云也指出：“为了多出口，就必须根据国际市场的要求组织生产，搞好出口商品的基地。”[④] 李先念1963年进一步指出：“外贸需要搞基地，国外销路好的商品，要发展基地”，“要求中央各部门、各地区支持这项工作。”[⑤]

在这一系列正确思想指导下，我国同西方资本主义国家的贸易取得了突破性进展。1960年8月，周恩来提出中日贸易“三原则”，即政府协定，民间合同，个别照顾，恢复和发展了曾一度中断的中日贸易。1962年11月，两国又签署了廖承志—高崎达之助民间贸易备忘录，12月又签订了中日贸易协定书，开启了两国民间贸易的新起点。1963年，中日贸易即恢复到

---

① 陈云：《陈云文选》第3卷，人民出版社1995年版，第158页。

② 李先念：《李先念论财政金融贸易》（1950—1991）上卷，中国财政经济出版社1992年版，第457页。

③ 李先念：《李先念论财政金融贸易》（1950—1991）下卷，中国财政经济出版社1992年版，第151页。

④ 陈云：《陈云文选》第3卷，人民出版社1995年版，第157—158页。

⑤ 李先念：《李先念论财政金融贸易》（1950—1991）下卷，中国财政经济出版社1992年版，第151页。

1956年水平，1965年的贸易额又比1963年增长5倍多。[①] 中国与西欧国家的贸易也随着经济封锁和禁运破产以及1964年中法建交有大幅度增长。到1965年，中国内地对西方资本主义国家的进出口总额在全国进出口总额中的比重，已经由1957年的17.9%上升到52.8%。[②]

2. 扩大与资本主义国家经济关系（1970—1975）

20世纪60年代末70年代初，国际形势出现了有利于中国扩大与资本主义国家经济关系的变化。这主要包括：美苏争霸活动受到越来越多国家的抵制，两大阵营经济体系趋向解体。同时，资本主义国家发生经济危机，资本过剩，急欲寻求国际市场，社会主义中国也需要资金技术发展本国经济。另外，中国逐渐打开与西方国家的外交关系。随着1971年10月中国在联合国合法席位的恢复，到1973年，我国同除美国以外的发达资本主义国家都建立了外交关系。中美关系随着1972年尼克松的访华也得到缓和。这些变化为中国扩大对资本主义国家经济关系创造了有利条件。正如陈云所说的，“过去我们对外贸易是75%面向苏联和东欧，现在改变为75%面向资本主义国家”，“和资本主义打交道是大势已定”。[③] 与此同时，以毛泽东为首的中央领导层也在开始批判和纠正“文革”初期的极“左”思潮。

---

① 沈觉人：《当代中国对外贸易》，当代中国出版社1992年版，第31页。

② 武力主编：《中华人民共和国经济史》（1949—1999），上册，中国经济出版社1999年版，第578页。

③ 陈云：《陈云文选》第3卷，人民出版社1995年版，第218—219页。

1972年2月毛泽东在会见美国总统尼克松时所说的，“你们要搞人员往来这些事，要搞点小生意，我们就死也不肯”。“后来发现还是你们对，所以就打乒乓球。”① 这就表明他已开始对“文革”中的极“左”做法进行反思。这种反思为中国共产党发展与资本主义国家经济关系提供了思想可能。

第一，学习和引进西方先进技术。中国共产党在60年代初提出的学习和引进西方先进技术思想由于受“文革”的发动而遭到批判，到70年代初，随着国际国内形势的变化，这种思想又逐渐恢复。

70年代初，周恩来开始着手纠正“文革”造成的部分极“左”错误。针对当时技术进口中的的“一批、二用、三改”的错误口号，他指出：“你们提，对进口的东西要‘一批、二用、三改’，这不对。买就是用，不用，你进口干什么？要调过来，改成‘一用、二批、三改’。如果进口的目的是为了批，那有多少东西要进口啊！”② 他多次强调技术引进工作的重要战略意义，“进口工作同样重要，这也是政治任务，是我们国民经济中不可缺少的一个重要方面。不仅在政治上重要，服从于主席的外交路线；而且在国民经济建设上，有利于加快社会主义建设速度，赢得时间，多快好省地建设我们的国家”③。他还对当时片面地排斥学习资本主义的做法进行了批判，1972年10月13

① 毛泽东：《毛泽东外交文选》，中央文献出版社、世界知识出版社1994年版，第595页。

② 转引自武力主编：《中华人民共和国经济史》（1949—1999），上册，中国经济出版社1999年版，第700页。

③ 沈觉人：《当代中国对外贸易》上卷，当代中国出版社1992年版，第34—35页。

日，他在一份科技合作的请示报告上批示：为何不派人去伦敦、巴黎、波恩、渥太华、东京，去研究西欧、美、日、加的机械工业情况，反而求其次？[①] 针对当时有一些出国考察团回国后不敢介绍国外经验的情况，指出，有些人自己不懂，又随便给人家戴帽子，出国参观、考察，就是为了学习人家的长处。

1973 年 6 月，毛泽东在会见马里国家元首特拉奥雷时进一步主张学习西方资本主义国家科学技术。他说："无论怎么样，这些西方资本主义国家是创造了文化，创造了科学，创造了工业。现在我们第三世界可以利用他们的科学、工业、文化——包括语言——的好的部分。"[②]

正是在这些正确思想指导下，70 年代初，形成了新中国成立以来的第二次引进高潮。

1972 年 2 月 5 日，周恩来、毛泽东批准国家计委《关于进口成套化纤、化肥技术设备的报告》，中国开始从国外进口成套化纤、化肥技术设备。8 月 21 日又批准《关于进口一米七连续式扎板机问题的报告》，从西德、日本进口 1.7 米扎板机。11 月 7 日，周恩来又批准《关于进口成套化工设备的请示报告》，并考虑采取大规模的一揽子引进方案。1973 年 1 月 5 日，国家计委向国务院提交《关于增加设备进口、扩大经济交流的请示报告》，报告建议，目前西方处于经济危机，引进设备对我有利，在今后三五年内引进 43 亿美元的成套设备。这一方案被称为

---

① 中共中央文献研究室编：《周恩来年谱》（1949—1976）下卷，中央文献出版社 1997 年版，第 559 页。

② 转引自武力主编：《中华人民共和国经济史》（1949—1999），上册，中国经济出版社 1999 年版，第 716 页。

“四三方案”。“四三方案”的批准实施，带动了对外引进的高潮。1972 年 9 月，国家专门成立进口技术设备领导小组，同时在国内举办技术贸易展览会，学习吸取外国先进技术。对于这次引进，中央领导人极为重视，提出了许多宝贵意见。

1972 年 2 月，周恩来在总结长期实践经验的基础上，明确提出了关于引进技术设备要“一学、二用、三改、四创”八字指导方针。[①] 他多次强调，学习外国必须同独创精神结合起来，引进新技术必须同自己钻研结合起来。对引进的技术设备，必须加以研究，从仿制做起，进而结合我国的具体国情加以改进和提高。1973 年 5 月 31 日，他在中央工作会议上就技术引进工作再次指出，引进外国的是辅助方法，引进来，不仅是模仿，而且要创新，这样才能赶超。1973 年 2 月国家计委会同有关部门，对国内急需引进的项目做了通盘研究和讨论，正式向国务院提交了《关于增加进口设备，扩大经济交流的请示报告》，系统提出了进口设备时应采取的原则：一、坚持独立自主、自力更生的方针。二、学习与独创相结合。三、有进有出，进出平衡。四、新旧结合，节约外汇。五、当前与长远兼顾。六、进口设备大部分放在沿海，小部分放在内地。这些原则成为当时引进技术设备的指导方针。陈云指出，在引进设备时一定要派人去考察哪些设备能用，哪些设备不能用，事先准备好新配件。1973 年 10 月 12 日，针对江青集团批判进口附件是“洋奴”的言论，他给予驳斥，“如有人批评这是‘洋奴’，那就再

① 中共中央文献研究室编：《周恩来年谱》（1949—1976）下卷，中央文献出版社 1997 年版，第 511 页。

做一次‘洋奴’。”① 邓小平也十分关心引进工作，1973 年 12 月，亲自到武钢视察，提出钢铁工业“一定要科学组织合理施工”，并称赞道：“搞建设，就是要有速度。生产要狠抓才能搞上去。”②

1975 年邓小平复出后，就把引进世界先进技术设备资金提上议事日程。在邓小平的支持下，中国科学院制定了《关于科技工作的几个问题》文件，强调要学习外国先进科学技术。邓小平在 8 月份会见美国国会议员团时说：“我们要学习、吸收世界上一切先进技术。”③ 8 月 18 日，国务院召开会议讨论《关于加快工业发展的若干问题》时，邓小平明确指出要“引进新技术、新设备，扩大进出口。可以考虑同外国签订长期合同，引进他们的技术装备开采煤矿，用煤炭偿付。这是一个大政策。总之，要争取多出口一点东西，换点高、精、尖的技术和设备回来，加速工业技术的改造，提高劳动生产率”。④ 这就突破了资本主义认识的禁区，提出了补偿贸易的做法，实质上已经开始用资金折合实物进行借贷和偿还，具有引进资金的意义。因此，可以说邓小平的这个主张，在中国共产党对外国资本主义经济认识上具有阶段性的创新意义。邓小平后来回顾这段历史时说：“说到改革，其实在 1974 年到 1975 年我们已经试验过

---

① 陈云：《陈云文选》第 3 卷，人民出版社 1995 年版，第 224 页。

② 转引自武力主编《中华人民共和国经济史》(1949—1999) 上册，中国经济出版社 1999 年版，第 712—713 页。

③ 中共中央文献研究室编：《邓小平年谱（一九七五——一九九七）》(上)，中央文献出版社 2004 年版，第 86 页。

④ 中共中央文献研究室编：《邓小平年谱（一九七五——一九九七）》(上)，中央文献出版社 2004 年版，第 83 页。

一段。”[①] 可是由于“四人帮”的极力阻挠和破坏，开始了所谓的“批邓、反击右倾翻案风”运动，对外开放的思路也受到影响并中断。

正是在周恩来、陈云、邓小平、李先念等领导人的积极领导下，对极“左”思潮进行抵制和抗争，“文革”后期，我国在引进技术设备等方面取得了较大进展。1972年至1977年，中国从西方十几个国家进口技术和成套设备，谈成了包括化肥、化纤、石油、化工、轧钢、采煤、火电、机械制造等方面的222个进口项目，进出口贸易总额也由1972年的60亿美元迅速增长到1975年的147.5亿美元。[②] 技术设备的引进弥补了国内技术上的不足，促进了国民经济的发展。

第二，陈云“对资本主义要很好地研究”思想。针对70年代初有利的国际形势，“和资本主义打交道是大势已定”[③]。要想突破极“左”思想的藩篱，就需要对资本主义有一个全新的认识，陈云此时提出了“对资本主义要很好地研究”的思想。1973年复出工作不久的陈云就提出：“列宁讲过：到共产主义时代，会用金子修一些公共厕所。我看，现在离那个时代还很远。不研究资本主义，我们就要吃亏。不研究资本主义，就不要想在世界市场占有我们应占的地位。”[④] 6月7日，他在

---

① 邓小平：《邓小平文选》第三卷，人民出版社1993年版，第255页。

② 沈觉人：《当代中国对外贸易》上卷，当代中国出版社1992年版，第37页。

③ 陈云：《陈云文选》第3卷，人民出版社1995年版，第219页。

④ 陈云：《陈云文选》第3卷，人民出版社1995年版，第218页。

听取中国人民银行工作汇报时指出：过去我们对外贸易是 75% 面向苏联和东欧，现在改变为 75% 面向资本主义国家，因此对资本主义要很好地研究。[①]“对资本主义要很好地研究”就是为了克服党内过分强调社会主义和资本主义对立，不敢接触资本主义的思潮，防止我们在同资本主义国家交往过程中处于被动地位。

为了更好地研究资本主义，陈云身体力行，亲抓外贸工作。他要求外贸部对资本主义“不仅要注意每天的变化，更要注意长远的趋势”[②]。另外，他要求外贸部要健全研究机构，“机构搞起来之后，要研究包括像尼克松国情咨文那样的东西”。“像康纳利、舒尔茨、德斯坦的讲话材料都要看，都要研究。”[③] 陈云对资本主义的研究，涉及资本主义的生产、流通、分配等环节，还包括价格、金融、货币、外汇、股票、利率等经济方面的要素，另外，还涉及诸如资本主义国内矛盾、国家关系以及与社会主义国家、第三世界国家的关系等内容。有关资本主义经济方面，陈云提出了一些有价值的观点。

利用资本主义国家的资金。1973 年 6 月，中国人民银行行长陈希愈等向陈云汇报，由于资本主义国家在经历一场经济危机后，大量闲置资金找不到出路，此时，中国银行可以从外国银行得到 10 亿美元甚至更多一些的外汇信贷资金，但是在国内碰到两个问题，一是这样做是否符合自力更生方针和既无外债

---

① 陈云：《陈云文选》第 3 卷，人民出版社 1995 年版，第 218 页。

② 中共中央文献研究室编：《陈云年谱》（1905—1995）下卷，中央文献出版社 2000 年版，第 174 页。

③ 陈云：《陈云文选》第 3 卷，人民出版社 1995 年版，第 218 页。

又无内债的精神；二是担心与国内现有规矩相矛盾。这两个问题不解决，利用国外的信贷资金就行不通。陈云听后指出："首先要承认是不是好事。只要是好事，你们就可以找出一个办法——一个变通办法来让大家讨论。立一个新的办法，要把一些界限划清楚，如不要把实行自力更生的方针同利用资本主义信贷对立起来。要有条有理，不会同国内冲突的。总之，只要承认是好事，就可以找出理由来的。"针对"左"的思想的束缚，我国在这个问题上迈不开步子，他特别强调："凡是存在的东西都有理由，是不是合法是另一回事。我们做工作不要被那些老东西束缚住。当然这可能会犯错误。但是谁不犯错误？"① 由于陈云的推动，1972年中国开始试办短期外汇信贷业务，这无疑是对"左"倾思想的突破。1973年5月国务院颁布《短期外汇信贷试行办法》，1973年就筹措外汇资金10多亿美元。

利用资本主义国家的商品交易所和期货市场。商品交易所和期货市场在"左"的思想下一直被认为是资本主义的投机方式，是当时党对资本主义经济认识的禁区。但是，资本主义国家在同中国做生意时，往往利用这些乘机抬价，造成中国经济上的损失。1973年4月到6月，中国粮油进出口公司所属香港华润公司的下属公司五丰行通过期货交易，利用价格涨落的时机，不仅完成了国家原糖的购买任务，而且还为国家赚取了240万英镑的外汇。这种做法以前无人敢涉足，因此，他们向陈云汇报了此事。陈云指出，"利用资本主义交易所是一个政策性的

① 陈云：《陈云文选》第3卷，人民出版社1995年版，第29页。

大问题。……我们不要怕接触交易所，可以利用交易所，要在大风大浪中学会游泳。”① 同年 10 月 10 日，他专门就此事写了报告，指出，资本主义市场的商品交易所具有两重性，既是投机商活动场所，也是一种大宗商品的成交场所。我们应该研究它，利用它，而不能只是消极回避。并对利用交易所提出了一些原则，包括不做投机买卖；要慎重，以赚为主；严守纪律，不浪费分文等等。陈云的报告得到了中央的肯定，这样，就消除了人们的思想顾虑，新中国外贸史上就开始了期货贸易方式。

此外，陈云还主张从资本主义国家引进先进技术和设备，这在上面已有论述。在引进的同时，鉴于 70 年代初，国内棉花欠收，棉布供应紧张，国际上棉花价格较低而棉布价格较高的现象，陈云主张从国外进口棉花加工成棉布出口。针对“左”的思想认为这样做是依靠国外、违背自力更生原则的说法，他指出：“我们是要坚持自力更生的。但是，现在国内棉花不够。……国内棉花要做到自给有余，完全用自己的棉花加工出口，可能要用很长时间。我们要利用这段时间进口棉花加工棉布出口，不这样做就是傻瓜。”根据陈云的指示，1973 年外贸部门进口了 850 万担棉花，进行棉布加工出口。出口商品按国际市场价格作价，这应该是贸易的一条规则，但就是这样的规则在“文革”中也遭到“四人帮”的反对，认为高价是马克思主义，低价是修正主义，指责外贸部门按市场价格出售是低价竞

---

① 中共中央文献研究室编：《陈云年谱》（1905—1995）下卷，中央文献出版社 2000 年版，第 178 页。

销，养肥了资本家。1973年5月，陈云对“左”的思想进行了严肃的批评，指出价格适当是销售中的一个大问题，要按国际市场价格随行就市，使出口商品得以买得出去。

陈云对“资本主义要很好地研究”的思想，突破了“左”的思想的束缚，加深了人们对外国资本主义经济的认识。虽然这一思想在1974年以后遭到极“左”思想的批判，被认为是卖国投降主义路线，但它对于人们在封闭僵化的环境中破除极“左”思想的禁锢起到了一定的作用，为以后党对外国资本主义经济认识的突破提供了思想前奏。

另外，这一时期，周恩来有一个重要思想，就是他开始注意台湾设立经济特区引进外资的做法。六七十年代，就在中国陷入“文革”的混乱之际，台湾经济却突飞猛进，周恩来注意了这一情况。1972年4月他在接见广交会代表时，针对台湾产品加工出口的情况，指出：为什么台湾能搞，我们搞不了？我们这样伟大的人民，出口才比台湾多十亿，不值得骄傲。1973年6月29日，他在接见美国银行家洛克菲勒时指出，中国在利用外资方面比不上台湾，台湾“引进美国、日本和其他国家的外资。进口原材料，然后加工，专门供出口。蒋介石还在台湾高雄划了一个像香港一样的自由港，不收税。……它吸收一部分外资，这部分外资当然是支持它的”①。10月31日至11月3日，他在会见澳大利亚总理时又指出：蒋介石在台湾省有一个高雄港是自由港，没有税，吸引外资带着原料去建厂，利用台

① 周恩来：《周恩来经济文选》，中央文献出版社1993年版，第645—646页。

湾的廉价的劳动力、劳务费，然后把商品回销外国，这样吸引很多外资到台湾去投资。[①] 周恩来虽然只提到了台湾的做法，但从字里行间可以看出，他是比较赞同台湾的做法，并且希望大陆也实行，这实际上就涉及设立经济特区吸引外资的问题。当然，周恩来的这一宝贵思想在当时极“左”环境下是不可能实践的，就是在口头上也不敢说出，只能埋藏于心中，但这无疑为日后的改革开放提供了思想前奏。

（三）对外国资本主义经济认识的重大转折（1976—1978）

“文革”结束以后，采取各种措施加快中国经济发展成为当务之急。这其中重要的一点就是：1976—1978 两年徘徊时期，中共逐渐恢复了从资本主义国家引进技术和设备的政策，并发展到利用外资，突破了对外引进的禁区，实现了对外引进政策的重大转折。

1. 重新确立引进资本主义先进技术和设备

从国外引进技术和设备是中共的一贯主张。“文革”期间，因“左”的思想和林彪、“四人帮”集团的干扰破坏，使这一正确主张未能得到顺利贯彻。“文革”结束以后，中共重新恢复确立了这一思想主张。

1976 年 11 月 16 日《人民日报》发表文章批判了“四人帮”关于引进外国技术设备是“爬行主义”“洋奴哲学”的观点，肯定了引进技术和设备的必要性，“那种认为凡是引进先进技术就是‘洋奴哲学’，就是‘爬行主义’，实际上是主张‘闭

---

① 中共中央文献研究室编：《周恩来年谱》（1949—1976）下卷，中央文献出版社 1997 年版，第 630 页。

关自守'，这是对人类文明史的愚妄无知，是对独立自主、自力更生方针的恶意歪曲”。[①] 在此基础上，1977年3月全国计划会议提出了引进技术和设备促进中国经济发展的意见，并形成《关于1977年国民经济计划几个问题的汇报提纲》，提出："要有计划有重点地引进先进技术，洋为中用，这样有利于增强我国的能力，加快社会主义建设的步伐。善于学习前人的好经验，吸取外国的长处，这是后来居上的一个重要因素。闭关自守，拒绝学习外国的好东西，什么都要从头摸索起，那就会放慢我们一些工业技术的发展，那也是爬行主义。”[②] 中央政治局经过讨论同意了此汇报提纲。很快，中央领导层就引进外国先进设备和技术来加快社会主义现代化建设速度达成共识。

1977年7月17日，国家计委向国务院提交了今后8年引进技术和设备的计划。7月26日，政治局听取和讨论了国家计委《关于引进新技术和进口成套设备规划的请示报告》，报告中提出：今后八年，除抓紧把1973年批准的43亿美元进口方案中的在建项目尽快建成投产外，再进口一批成套设备、单机和技术专利，总额为65亿美元。其中，支农工业3.8亿美元，包括以粉煤和重油为原料的两套大型化肥装置，以天然气或裂解尾气为原料的两套化肥关键设备；轻工4亿美元，包括三套大型石油化工设备，四套化纤设备，两套合成革装置，三套洗衣粉原料装置；石油工业13亿美元，包括地震勘探船，数字地震以及资料处理系统等勘探设备；煤炭工业10亿美元，包括一套年产

---

① 《人民日报》，1976年11月16日第三版。

② 《关于1977年国民计划几个问题的汇报提纲》，中发［1977］12号。

一千万吨规模的露天煤矿成套设备，两套年产400万吨规模的矿井和洗煤厂的主要设备，两套年洗煤300万到400万吨的洗煤厂关键设备；电力工业五亿美元，包括一套60万或90万千瓦的原子能电站，大型水、火电施工机械。此外，冶金工业7亿美元，化学工业6.7亿美元，机械工业3亿美元，国防工业和国防科研5亿美元。

1977年12月召开全国计划会议形成《关于经济计划的汇报要点》，指出：中国的工业技术非常落后，很多方面基本上还是苏联四五十年代的东西，已经不适应中国经济发展的步伐，必须坚持独立自主、自力更生的方针，不断地提高农业、工业、国防和科学技术的现代化水平。同时，还要认真学习外国的好东西，引进必要的先进技术。在今后5—8年内，我们要利用国际上的有利时机，在坚持独立自主和平等互利的前提下，运用更加灵活的方式，把我们急需的国外先进技术拿到手，把学习和独创很好地结合起来。

1978年2月，华国锋在五届人大一次会议上强调："努力学习国内和世界上的先进科学技术，决不能因循守旧，故步自封。"[①] 在这次会议上通过了《发展国民经济十年（1976—1985年）规划的纲要》，对引进规模做了具体的规定。接下来，7—9月份召开发国务院务虚会和9月份召开的全国计划会议都强调大量引进国外先进技术和设备。

为了做好新技术的引进工作，1978年5月，国务院成立了

---

① 华国锋：《团结起来，为建设社会主义的现代化强国而奋斗》，《红旗》1978年第3期。

引进新技术领导小组。小组由国务院副总理余秋里担任组长，副组长由当时国家计委的副主任顾明担任。小组的主要任务主要是统筹提出新技术和成套设备的引进计划，搞好综合平衡；向中共中央、国务院提出有关引进的方针、政策和建议；组织引进计划的实施，进行督促检查，总结交流这方面的经验；组织有关方面研究、消化和发展引进的新技术等。另外，完善相关引进法规，使引进工作有根据、有保证。1978年9月召开了全国进口成套设备检验工作会议，指出了目前进口成套设备检验工作存在的一些问题，并对以后的引进工作提出了具体的意见和要求。根据这次会议的情况报告，国务院通过了《进口成套设备检验工作的试行规定》，强调了进口设备检验工作很重要，“是关系到加速实现四个现代化的大事。做好这项工作，对于维护国家权益，监督外商履约，严防帝修反的破坏捣乱和外国资本家的投机诈骗，以确保进口设备高质量及时建成投产，具有重要的政治意义和经济意义。”① 这为有关部门加强领导，落实措施，密切配合，切实把进口成套设备检验工作抓好提供了法律规定，有力地保证了引进工作的顺利进行。

由于国家领导人对引进工作的大力支持和为大规模引进所做的一系列积极准备工作，在1978年的引进的高潮中，一年中同国外签订了22个重点引进先进技术和成套设备的项目，共需外汇130亿美元（1978年已签约部分为78亿美元），约折合人民币390亿元，加上国内工程投资200多亿元，共需600多亿

---

① 《国务院批转关于进口成套设备检验工作会议情况的报告》，国发［1978］262号。

元。1978年一年中，引进已经签约金额相当于前五年（1973—1977）成交总额的两倍，相当于1950年到1977年28年中国引进累计完成总额的89.2%。[①]

重新恢复确立引进外国技术和设备的思想政策不是偶然的。一是因为从国外引进技术和设备是中共的一贯主张，只是“文革”期间因“左”的思想和林彪、“四人帮”集团的干扰破坏，使这一正确主张未能得到顺利的贯彻。“文革”结束后，极“左”思潮得到遏制，重新恢复确立引进外国技术和设备的思想政策理所当然。二是因为“文革”结束以后，中国与世界发达国家经济上的差距越来越大，要迅速把国民经济搞上去，在当时的情况下，单凭自己的力量是不行的。“文革”结束以后，中共领导层开始走出国门去了解外国发展情况，并在1978年前后在全国又掀起了一股出国考察的热潮。这些考察团作为探索对外开放国策的先导部队，被人们称为共和国即将开始的大规模对外开放的“侦察兵”。这些出访不但改善了我国的对外关系，而且还使我中共对近年来国际形势的发展变化有了比较直接和全面的了解。其中感受比较强烈的，就是我国在经济和科学技术上同世界先进水平的巨大差距。三是中央领导层对引进外国技术和设备的重视。1977年邓小平复出后，就在多种场合反复强调引进世界先进科学技术和工业管理方法的重要性和迫切性。1977年5月12日，邓小平在同中国科学院副院长方毅的谈话中提出，“过去没有吸收外国先进的东西”，还说道：“世界发达国

① 参见陈东林：《20世纪50—70年代中国的对外经济引进》，《上海行政学院学报》2004年第6期。

家都注意最新的科学成果。据说他们政府头头每天办公桌上都放一张每日科技新闻。……科学研究方面的先进东西是人类劳动的成果，为什么不接受？接受这些东西有什么可耻的？”① 9月29日，邓小平在会见英籍华人作家韩素音时，又指出：“60年代我国的科学技术水平同世界水平差距不大，……世界科学技术在60年代末期70年代初期有个突飞猛进的发展。各个科学领域一日千里地发展，一年等于好几年，甚至可以说一天等于几年。……如果不拿现在世界最新的科研成果作为我们的起点，创造条件，努力奋斗，恐怕就没有希望。”② 此外，李先念、陈云等同志也非常重视引进工作，李先念在国务院务虚会议上提出“学会同外国资本家打交道”，“搞好技术引进，努力扩大出口”等口号，充满着改革开放思想。

正是在上述因素推动下，所以在“文革”结束以后，确立引进外国先进技术和设备的政策来促进国民经济的发展就顺理成章了。

2. 突破“两个不允许”

引进外国先进技术和设备，需要大量的外汇。根据1977年7月国家计委向国务院提交的8年引进计划，共需外汇65亿美元，国内配套工程的基建投资需要400亿元人民币。当时我国的外汇储备很有限，1978年仅有15.75亿美元。③ 所以外汇严重

---

① 中共中央文献研究室编：《邓小平年谱（一九七五——九九七）》(上)，中央文献出版社2004年版，第158页。

② 中共中央文献研究室编：《邓小平年谱（一九七五——九九七）》(上)，中央文献出版社2004年版，第210页。

③ 转引自李正华：《改革开放的酝酿与起步》，当代中国出版社2002年版，第269页。

不足成为我国引进技术设备遇到的一个难题。为了解决这个难题，中共采取了如下一些办法：1. 发展出口创汇，采取各种形式把出口贸易做大做活。2. 发展非贸易创汇，特别是国际旅游业，“要大量增加各种非贸易外汇收入。旅游事业要加快发展，并不断总结经验，改进服务态度”。[①] 3. 采取延期付款、分期付款、补偿贸易等灵活方式，减少现汇的支出。1977年7月，国家计委在批判“四人帮”对外贸工作的破坏时，肯定了过去被“四人帮”反对的延期付款、分期付款以及补偿贸易的做法，认为“这两条有什么不对呢?”“为了引进一点国外的先进技术，必须增加出口，在平等互利的条件下，可以按照国际贸易中延期付款、分期付款等通行做法，由外国供应成套设备，然后用我们生产出来的煤炭和原油偿还。”[②] 在实际工作中，当时我国主要采取的是延期付款的做法。1977年，中国签订的引进技术设备合同220多项，成交金额30多亿美元，其中26个大型成套项目，43套综合采煤机组，用汇占80%以上，而其中40%的金额采用的就是延期付款的办法支付的。

但是，“文革”结束后的一段时期内，对于利用外国贷款和直接投资两种引进外资形式，仍然是不允许实行的。1977年3月《国际贸易》发表文章指出：“我国是社会主义国家，根本不允许外国资本家来开发资源，也不允许外国资本搞什么联合经营。”1978年4月22日，中国外贸部部长李强指出中国现在可以采取补偿贸易、来料加工、来样加工、分期付款、延期付款

① 李先念：《李先念论财政金融贸易》(1950—1991) 下卷，中国财政经济出版社1992年版，第381页。

② 《人民日报》1977年7月16日第1版。

等利用外资形式之后明确指出，对于借款和合资经营两种形式，“我们是坚决不干的”①。直到 1978 年 5 月，中国社会科学院经济学所编写出版的《“四人帮”对马克思主义政治经济学的篡改》一书中还表示：我们既不允许外国资本家同我们办合资企业，更不允许把领土领海主权租让给外国。

为什么在“文革”结束以后，其他引进形式都逐渐允许，而这两种形式却不允许呢？主要原因是 60 年代以后，毛泽东就把利用外国贷款和直接投资两种形式看作是对外引进的两大禁区。“文革”结束后，当时“左”的思想尚未肃清，在思想上还没有摆脱“两个凡是”观点的束缚，所以中共还仍然坚持“两个不允许”政策。但是，就在党和政府重申“两个不允许”政策的同时，促使中共突破这个禁区的因素也在不断体现。

第一，1978 年 5 月，真理标准问题的讨论在全国开展，使人们的思想不断得到解放，“两个凡是”的阵地愈来愈小。9 月 16 日，邓小平发表了《高举毛泽东思想旗帜，坚持实事求是的原则》的讲话，指出：“毛泽东同志在世的时候，我们也想扩大中外经济技术交流，包括同一些资本主义国家发展经济贸易关系，甚至引进外资、合资经营等等。但是那时候没有条件，人家封锁我们。后来‘四人帮’搞得什么都是‘崇洋媚外’‘卖国主义’，把我们同世界隔绝了。经过几年的努力，有了今天这样的、比过去好得多的条件，使我们能够吸收国际先进技术和经

① 李强：《李强同志谈灵活的对外贸易做法》，新华通讯社《内部参考》第 59 期，1978 年 5 月 29 日。

营管理经验，吸收他们的资金。在这样的条件下，如果因为毛泽东没说过我们就不去干，那就不是真高举毛泽东思想的旗帜。”① 邓小平的讲话，为中共和政府打破“两个不允许”政策提供了思想保证。

第二，客观因素在促使中共不得不打破“两个不允许”政策。一方面，大规模的引进与外汇不足的矛盾日益突出。为了解决外汇不足的问题，中共和政府采取了很多措施，诸如扩大出口、补偿贸易、来料加工、来样加工、分期付款、延期付款等形式，但都不能解决问题。当时中国每年的商品出口收入不过 100 多亿美元，其他非贸易外汇收入，更是不超过 10 亿美元，这相对于巨大的外汇需求来说，不过是杯水车薪。正如美国国会联合经济委员会编写的《毛主席以后的中国经济》所言：如果不寻找国外长期贷款，那么，中国当时提出的特大规模投资和工业发展规划，以及随之而来的对进口方面的巨大需求，都是不可能实现的。② 另一方面，70 年代以来，资本主义国家经济滞胀，剩余资金急需出路，而中国搞现代化，对它们是一个刺激。一些国家主动表态要借款给中国。1978 年 4 月，外贸部长李强访问联邦德国时，联邦德国经济部部长狄特马就向他表示，只要中方肯接受，联邦德国经济界可以向中国提供不仅是 4 亿，而且是 40 亿马克的贷款。10 月邓小平访问日本时，日本政

① 邓小平：《邓小平文选》第 2 卷，人民出版社 1994 年版，第 127 页。

② 美国国会联合经济委员会编，上海市对外贸易国际贸易研究室译：《毛主席以后的中国经济》第 1 卷（上），中国财政经济出版社 1980 年版，第 87 页。

府也表态可向中国贷款。另外，一些国家的商人表示愿意利用中国廉价的劳动力到中国来投资或合资办厂。这些客观因素促使中共不得不考虑是否打破“两个不允许”政策。

第三，中共领导层的出国考察以及出国考察团的回国汇报为中央打破“两个不允许”政策提供了促进剂。“文革”结束以后，中共领导层开始走出国门去了解外国发展情况，并在1978年前后在全国又掀起了一股出国考察的热潮。例如，1978年是邓小平一生中出访密度最大的一年。从这年年初开始，他接连出访了缅甸、尼泊尔、朝鲜、日本、泰国、马来西亚、新加坡等中国周边国家。通过对发达资本主义国家的实地考察和亲身体验，使得中共领导层对先进国家的经济科技发展水平以及中外经济发展的巨大差距，有了更加直观的认识和感受，这就为对外引进政策的突破提供了丰富的感性材料。

出国考察团的回国汇报，特别是以谷牧、林乎加、段云为团长的三个出国考察团的回国汇报更加促使中央领导层对引进政策进行理性分析。资本主义国家和地区发展的经验是三个代表团所要考察汇报的内容，以上海市委第一书记林乎加为团长的赴日本经济代表团总结日本为什么能在一二十年间取得飞跃进展时，指出两条经验，一是大胆引进新技术；二是充分利用国外资金。以国家计委副主任段云为团长的赴港澳经济贸易考察团总结港澳发展比较快的主要原因是有充足的资金来源和廉价劳动力。以国务院副总理谷牧为团长的西欧经济考察团指出欧洲“二战”后经济快速发展的原因在于科技高度发展，资本更加集中，生产更加社会化。三个考察团的汇报，在中央产生了巨大影响。言外之音，中国如果要想快速发展，就要借鉴国外成功经验，这样，“两个不允许”政策势必就要被打破。

在以上因素的综合作用下，中共开始逐渐打破“两个不允许”政策。1978年5月30日，在与胡乔木等人谈话时，邓小平说：“现在的国际条件对我们很有利。西方资本主义国家从它们自身的利益出发，很希望我们强大一些。这些发达国家有很多困难，它们的资金没有出路，愿意把钱借给我们，我们却不干，非常蠢。现在东方有四个‘小老虎’：一个是南朝鲜，一个是台湾，一个是香港，一个是新加坡。它们的经济发展很快，对外贸易增长很快。它们都能把经济发展得那么快，我们难道就不能吗？我们脑子里还都是些老东西，不会研究现在的问题，不从现在的实际出发来提出问题，解决问题。”① 1978年6月三个代表团回国后向中央政治局汇报，强烈建议：国际经济运作中有许多通行办法，包括补偿贸易、生产合作吸收国外投资等，我们可以研究采用。② 邓小平约谷牧同志谈话，详细询问了出访情况，指出：引进这件事要做，下决心向国外借点钱搞建设，要抓紧时间。③ 1978年9月，在国务院务虚会议上，李先念就指出：欧、美、日等资本主义国家经济萧条，要找出路。我们应该有魄力、有能力利用它们的技术、设备、资金和组织经验，

---

① 中共中央文献研究室编：《邓小平年谱（一九七五——一九九七）》（上），中央文献出版社2004年版，第320页。

② 中共中央文献研究室编：《回忆邓小平》（上），中央文献出版社1998年版，第156页。

③ 邓小平：《邓小平年谱（一九七五——一九九七）》（上），中央文献出版社2004年版，第335页。

来加快我们的建设。[①] 随后，全国计划会议确立了，“从那种不同资本主义国家进行经济技术交流的闭关自守或半闭关自守状态，转到积极地引进国外先进技术，利用国外资金，大胆地进入国际市场”[②]。9月28日，《人民日报》指出：我国还准备采取更加灵活的贸易方式和支付方式。联系当时的形式，明显灵活的方式指的就是利用外国贷款和直接投资。10月，当邓小平访问日本，日本政府表态可向中国贷款时，邓小平回答：“我们还没有考虑，今后将研究这个问题。”[③] 邓小平虽然没有正面回答问题，但显然没有拒绝之意。11月召开的中央工作会议正式提出：要善于利用国际国内有利形势，吸收外国资金技术。根据会议精神。11月11日，李先念在会见外国客人时表示：在不损害我国主权的条件下，我国可以利用美国、日本和西欧等发达国家的先进技术和资金，以加快实现四个现代化速度。[④] 11月26日，邓小平在会见日本访华团时指出：“现在我们的方针是，尽量吸收国际先进经验，引进资金和技术，加速我们的发展。”[⑤] 当有人问怎样看待接受日本政府的贷款时，邓小平回答：“可以接受。问题在于采取什么方式。我曾请教过土光敏夫会长，他

---

① 转引自张树军、高新民：《共和国年轮1978》，河北人民出版社2001年版，第195页。

② 《当代中国的经济管理》编辑部编：《中华人民共和国经济管理大事记》，中国经济出版社1986年版，第320页。

③ 《中日经济合作余地很大》，《新华月报》1978年第10期，第227页。

④ 《李副总理会见美国朋友》，《新华月报》1978年第11期，第218页。

⑤ 邓小平：《邓小平年谱（一九七五—一九九七）》（上），中央文献出版社2004年版，第437页。

说巨额贷款需要政府间来办。民间不能解决的，需要政府间解决。”① 12 月 15 日，外贸部长李强在香港向世界宣布了中国利用外资政策的重大转变。他说：“今天我们做贸易有了很大的改变，采取了很多灵活的做法。不久以前，我们在外贸上还有两个‘禁区’：第一，政府与政府之间的贷款不干，只有银行与银行之间的商业贷款；第二，外商在中国投资不干。最近，我们决定把这两个‘禁区’取消了。基本上，国际贸易上的惯用的做法都可以干。”② 中共十一届三中全会批准《1979、1980 两年经济计划的安排》提出要积极引进外国先进技术，利用外国资金，大胆地进入国际市场。这就表明“两个不允许”政策最终被打破，从而实现了中共对外引进政策的重大转折。

由于 1976—1978 “文革”遗留下来的“左”的思想还没有彻底肃清，对外引进的出发点是为了实现经济建设的跃进，所以，在具体的对外引进实践中还存在盲目性。在做出大规模引进决定的 1977 年，中国的全部财政收入才 847 亿元人民币，整个出口的外汇收入仅 76 亿美元，基本建设总投资 382 亿元人民币。同国家计划引进所需要的 180 亿美元外汇和 1300 亿元人民币投资比较起来，差距太大。国内资金不足，寄希望于从国外借钱，实际上也是不现实的，出口的货源和外汇收入都不可能在短期内有很大的增加，近期的还贷能力根本不具备。③ 但是，实践中的冒进不能否定引进政策本身的正确性和重要意义。首

① 《宣传动态》1978 年 11 月 30 日。

② 《突破“禁区”，为四个现代化大干贸易》，《经济导报》第 1600 期，1978 年 12 月 20 日。

③ 陈锦华：《国事忆述》中共党史出版社 2005 年版，第 98 页。

先，从引进外国先进技术和设备发展到引进外资已成为全党的共识。当时，党和国家领导人认为，在落后的基础上搞建设，仅靠中国自身力量不行，要利用国外资金，大量引进国外先进设备，认为西方先进技术经验是中国经济建设的起点。邓小平说："抢时间很重要，全国准备引进上千个项目。凡是引进的技术设备都应该是现代化的，必须是七十年代的，配套也要是七十年代的……我们要以世界先进的科学技术成果作为我们发展的起点。"① 其次，在怎么引进上，中央也形成了一些共识，如提出引进必须坚持社会主义制度。引进技术是为了更好地发展生产力，提高人民生活水平，但必须坚持社会主义制度，"社会主义制度，社会主义公有制，那是不能动摇的"②。再如，提出要正确处理自力更生和引进的关系。学习是为了发展我们自己的创造。要从我国的实际出发，勇于创新，独立自主，自力更生，走我国自己发展科学技术的道路，"但自力更生决不是闭关自守。为了大大加快我们掌握世界先进技术的速度，必须积极从国外引进先进技术和设备。"③

可以说，从引进技术和设备发展到利用外资来为社会主义现代化建设服务，是三中全会前夕对外开放思想的一个巨大进步，为后来对外开放思想的确立及发展奠定了坚实的理论基础。在此基础上，中共十一届三中全会指出：在自力更生的基础上积极发展同世界各国平等互利的经济合作，努力采用世界先进技术和设备。这表明包括引进政策在内的对外开放国策已经确立。

---

① 邓小平：《邓小平文选》第2卷，人民出版社1994年版，第127页。

② 邓小平：《邓小平文选》第2卷，人民出版社1994年版，第129页。

③ 李先念：《李先念文选》，人民出版社1989年版，第332页。

四、小结：对中共的这一认识和政策的总体评价

1949—1978年中国共产党对外国资本主义经济的认识经历了一段反反复复的演变过程。具体来说，国民经济恢复时期，中国共产党能基本正确处理外国资本主义经济。虽然，新中国成立初期中共采取了政治上“一边倒”的政策，但是经济上没有一边倒，注意区别政治上“打倒帝国主义”与经济上利用外国资本主义经济的关系。正是在这个基础上，中国共产党才能妥善处理资本主义在华企业，重视利用资本主义国家的资金和技术，提出“也要同资本主义国家做生意”。中国共产党正确认识和处理外国资本主义经济的结果是，一方面有利于中国解决经济困难，另一方面也促进了同资本主义国家的外交联系。但需要指出的是，在当时两大阵营激烈对峙的情况下，中共的好多思想认识是很难付诸实践的，如利用资本主义国家资金和技术。正如邓小平指出的，“比如毛泽东同志在世的时候，我们也想扩大中外经济技术交流，包括同一些资本主义国家发展经济贸易关系，甚至引进外资、合资经营等等。但是那时候没有条件，人家封锁我们。”① 同时，在“一边倒”的政治环境中，中国共产党的“也要同资本主义国家做生意”的思想有着自身的局限性。中共坚持的方针是苏东国家第一位，资本主义国家第二位。“我们对外贸易的基本方针，应该是凡苏联及东欧各新民主主义国家所需要的货物，我们当尽量向苏联及新民主主义国家出口，凡是苏联及新民主主义国家能供给我们的货物，我们当

① 邓小平：《邓小平文选》第2卷，人民出版社1994年版，第127页。

尽量从苏联及新民主主义国家进口，只有苏联及新民主主义国家不需要及不能供给的货物，我们才向各资本主义国家出口或进口。”① 这就表明中国共产党对外国资本主义经济的认识在当时政治背景中也摆脱不了意识形态和“一边倒”政策的限制。但是联系当时两大阵营强烈对峙和资本主义国家封锁我们的背景，这也在所难免，我们不能以现在的眼光去苛求前人。

中共八大前后，中国共产党在对外国资本主义经济的认识和政策方面，提出了许多有价值的思想观点。包括：从思想上破除社会主义一定优越资本主义的迷信观点，学习和利用资本主义国家的先进技术和管理经验；要积极发展与资本主义国家经济关系，甚至提出要向西方国家借款思想等等。应该说，八大前后中国共产党对外国资本主义经济的认识比国民经济恢复时期有所发展。这一时期中共对外国资本主义经济的认识是在“以苏为鉴”“破除迷信”、反对教条照搬苏联经验的口号下进行的，对新中国成立之初的“一边倒”政策有所突破。当然，囿于传统社会主义模式，中国共产党还不可能把对资本主义经济的认识上升到国策战略的高度来认识。中国共产党在这一时期产生的思想火花与当时国际局势的缓和是息息相关的。这包括：1954年朝鲜停战后，印度支那战争也将停止，亚洲出现了缓和局势；欧洲方面也由于1955年苏联与西方国家签订了《奥地利国家条约》而出现缓和迹象，为了急切希望同中国发展经济关系，西方国家也开始放松对中国的禁运；1956年苏共二十大的召开迫使中共开始了“以苏为鉴”指导下的探索等等。但是，

① 中央档案馆、中共中央文献研究室编：《中共中央文件选集》第18册，中共中央党校出版社1992年版，第136页。

这也从另一方面昭示着，一旦国际国内形势紧张，中国共产党改变认识就在所难免。

八届三中全会以后，中国共产党对外国资本主义经济的认识是在困惑和矛盾、正确和错误的交织中发展。其中错误的一面表现在，自50年代末国际国内形势趋于紧张以后，以毛泽东为代表的党中央开始重提不要向资本主义乞讨，并逐渐形成了对资本主义经济认识的禁区。其中正确的一面主要表现在，以毛泽东为代表的党中央在60年代初在发展与苏东国家经济关系受挫后，并没有完全走向闭关锁国，而是把目光转向资本主义国家，并且抓住70年代初有利的国际环境积极扩大与资本主义国家的经济关系。正确和错误的交织同样也印证了中国共产党认识的不成熟性。其外在诱导因素是国际国内形势的发展变化。基本上形成这样一个定律：形势趋紧，认识陷入误区；形势缓和，认识趋向正确。可见，中国共产党对外国资本主义经济的认识具有强烈的政治反作用于经济的倾向性。

当然，决定事物变化的关键在于事物的内因，即主观认识，主要表现在以下两个方面：一是没有正确处理政治和经济的关系。这是形成中国共产党对外国资本主义经济认识具有强烈的政治反作用于经济倾向性的主观认识根源。政治与经济的关系，马克思认为是经济决定政治，政治反作用于经济。但是，中国共产党在政治与经济的关系上却存在着政治决定经济的倾向，认为，“对帝国主义国家及其追随者，要使经济关系服从政治关系，经济关系服从政治斗争，使贸易对我有利。”① 在这种思想

① 中共中央文献研究室编：《周恩来年谱》（1949—1976）中卷，中央文献出版社1997年版，第197页。

指导下，中国共产党对外国资本主义经济的认识具有强烈政治反作用于经济的倾向性就难以避免。二是没有正确处理社会主义和资本主义的关系。囿于传统社会主义的理念，认为社会主义就是计划经济体制下的单一公有制。如此理念之下，一些领导人片面认为，“我们是社会主义国家，既然叫社会主义，就不应要求跟你们搞合营，这个道理很清楚。”① 自然，向外国借款和利用外资就会长期被当作是社会主义的禁区。同样，囿于传统社会主义的理念，对于资本主义，中国共产党就会更多地从道德理性方面来审视，过多地关注了社会主义与资本主义对立的一面，而忽视了二者相联系的一面，从而就产生了“对于美国这样的帝国主义国家，我们全体人民的意志是：决不可亲，决不可学”② 的片面思想。既然资本主义不如社会主义，那么就不必要向它们学习，建设就只能靠自力更生，“不要设备，可以万事不求人，自力更生”③。实际上就是闭关自守，是对自力更生的曲解。

中国共产党对外国资本主义经济认识的突破是在“文革”结束后的两年徘徊时期。这一时期，中国共产党逐渐恢复了从资本主义国家引进技术和设备的政策，并发展到利用外资，突破了资本主义经济认识方面的禁区，打破“两个不允许”政策，实现了对外国资本主义经济认识的重大转折。这主要

① 顾龙生编著：《毛泽东经济年谱》，中共中央党校出版社1993年版，第648页。

② 转引自黎青平：《毛泽东邓小平与对外开放》，中共中央党校出版社1998年版，第76页。

③ 《人民日报》，1958年10月4日。

归结于中国共产党在国际国内政治形势好转的情况下实现了思想解放。只有思想解放了，中国共产党才能从传统社会主义的误区中走出来，从战略决策的高度来认识外国资本主义经济形式。

主要参考文献

1. 中国社会科学院、中央档案馆编:《中华人民共和国经济档案资料选编》各卷。

2. 上海市档案馆、财政部财政科学研究所:《上海外商档案史料汇编》(一至八卷),1987 年内部发行。

3. 中央档案馆和上海档案馆、上海社科院企业史资料研究中心相关档案。

4. 中共中央文献研究室编:《建国以来重要文献选编》中央文献出版社 1993 年版。

5.《英美烟公司在华企业资料汇编》(1—4 册),中华书局 1983 年版。

6.《人民日报》《解放日报》《文汇报》等报纸。

7. 吴承明:《帝国主义在旧中国的投资》,人民出版社 1955 年版。

8. 雷麦:《外人在华投资论》,商务印书馆 1937 年版。

9. 许涤新、吴承明主编:《中国资本主义发展史》(三卷本),人民出版社 1985、1990、1993 年版。

10. 汪敬虞:《19 世纪西方资本主义对中国的经济侵略》,

人民出版社 1983 年版。

11. 郑友揆:《中国的对外贸易和工业发展（1840—1948)》,上海社会科学院出版社 1987 年版。

12. 杜恂诚:《日本在旧中国的投资》,上海社会科学院出版社 1986 年版。

13. 陈沂:《当代中国的上海》(上、下册),当代中国出版社 1993 年版。

14. 裴坚章主编:《中华人民共和国外交史》(1949—1956),世界知识出版社 1994 年版。

15. 全国政协文史资料委员会编:《淘金旧梦——在华洋商纪实》,中国文史出版社 2001 年版。

16. R. Dernberger: *The Role of Foreigner in China's Economic Development, 1840—1949*（德恩伯格:《1840—1949 年外国人在中国经济发展中的作用》),斯坦福大学出版社 1975 年版。

17. L. 泰拉:《上海事件——结束西方在中国的商业存在》,香港,1956 年版。

18. 谢艾伦:《被监押的帝国主义:英法在华企业的命运》,中国社会科学出版社,2004 年版。

19. 高家龙:《大公司与关系网——中国境内的西方、日本和华商大企业（1880—1937)》,程麟荪译,上海社会科学院出版社 2002 年版。

前期相关研究成果:

1.《1949—1978 中共四种资本主义经济政策及认识研究》,中共党史出版社 2008 年 7 月版。

2.《国民经济恢复时期对资本主义经济的政策》,《当代中国史研究》2008年第2期，人大复印资料《中国现代史》2008年第10期转载。

3.《1976—1978中共对外引进政策的恢复与突破》,《党史研究与教学》2007年第2期，人大复印资料《中国现代史》2007年第9期转载。

4.《1978：中共利用外资政策的重新确立》,《毛泽东思想和邓小平理论研究》2008年第9期。

5.《新中国成立初期党对外国资本主义经济的政策及认识》,《湖湘论坛》2008年第4期，人大复印资料《中国现代史》2008年第10期论点摘编。

6.《20世纪50年代毛泽东对私人资本主义认识演变的内在逻辑》,《党史研究资料》2003年第1期。

7.《1949—1956中共对外国资本主义经济的认识及政策》,《科学社会主义》2013年第4期。

8.《二十世纪五六十年代英资企业在上海的衰退》,《安徽史学》2016年第6期。